我只在意人存在的样子

三明治 —— 主编

江苏凤凰文艺出版社

图书在版编目（CIP）数据

我只在意人存在的样子 / 三明治主编. — 南京：江苏凤凰文艺出版社, 2024.7
ISBN 978-7-5594-8678-3

Ⅰ.①我… Ⅱ.①三… Ⅲ.①文学家–访问记–中国–现代 Ⅳ.①K825.6

中国国家版本馆CIP数据核字(2024)第098287号

我只在意人存在的样子

三明治 主编

责任编辑	项雷达
图书监制	刘　平
策划编辑	大　仙
版式设计	裴雷思
封面设计	尚燕平
出版发行	江苏凤凰文艺出版社
	南京市中央路165号，邮编：210009
网　　址	http://www.jswenyi.com
印　　刷	北京盛通印刷股份有限公司
开　　本	880毫米×1230毫米　1/32
印　　张	10
字　　数	240千字
版　　次	2024年7月第1版
印　　次	2024年7月第1次印刷
书　　号	ISBN 978-7-5594-8678-3
定　　价	68.00元

江苏凤凰文艺版图书凡印刷、装订错误，可向出版社调换，联系电话025-83280257

目 录

001　**从阅读这本书开始，你也可以是一位作家**

003　**活着为了讲述**

005　三三：全职写作两年，试着和焦虑成为损友
019　彭剑斌：把写作变成职业，容易用一种世俗的标准去判断它
039　沈大成：在朝不保夕的时候，写作会不会很虚无？
057　杨潇：写字的人一定要靠写作养活自己吗？
077　韩松落：写作的最初动力是买房，但它让我在世界扎了根

099　**创作者的迷宫**

101　里所：我用真心养诗，诗长大了，我也长大了
121　李静：不让你创作，你会不会难受得要死？
139　朱宜：写小说之后，我发现其实做编剧才是孤独的
165　云也退：一个书评家逃离到以色列写非虚构

187　**天真忧伤的小说家**

189　默音：作为小说家，我对文字的未来是悲观的
209　张怡微：写小说就是要改变这个世界

225　王咸：选择写小说，因为它能披着虚构的幌子
245　顾湘：我并不是真的顺利，而是总能找到逃跑的办法

259　**观察是时代课题**

261　刘子超：中国人如何观察世界，是这个时代最重要的题材
279　张定浩：现在对所谓的年轻一代写作者越来越宽容
303　陈楸帆：在我看来，科幻狂热主义者特别狭隘

从阅读这本书开始,你也可以是一位作家

写作者对于读者来说,通常都是神秘的。一个写作者只负责呈现自己构建的世界,而不负责呈现自己。但是读者往往试图把作品和作家本人联系起来,试图找到一些蛛丝马迹。

创作谈对作家来说是双刃剑。创作是否难以言说?又或者,被提问的过程可能促发了作家对自身的思考和整理?这两者都真实存在。

一直构建写作社群和写作平台的"三明治",深知与作家对话的不易,但仍然努力坚持和作家们进行访谈,这本集子是"三明治"过去十年常设栏目"创作者访谈"的内容精选,今天为你所看到时,这些作家的生活状态已经发生了一些变化,但他们还在持续写作。

这不是一部方法论,也不是作家生活的记录切片,而是一场场关于写作的对话。无论是访谈者还是受访者,都在试图接近写作这件事的核心,并一起分辨着写作这件事的众多侧面:名声、诱惑、语言、内心、情感、尝试……这些侧面都像镜子一样,把写作和生活本身交映成像。

像本书书名所言:"我只在意人存在的样子",作家本身也是人的一种存在形式,而他们的笔则描绘了更多人存在的样子。这种描绘其实是一种天赋的权利,只是一小批善于描绘的人拿起了笔,把他们

看到的世界讲述出来。

所以这本书的意义，在于帮助每个人去恢复自己这种天赋的权利，不去想写作带来的种种可能，而先好好写出自己所看到的，所感受到的世界。从那一刻开始，你就成了作家，不论是久负盛名还是初出茅庐，你都是一位作家。书中受访的作家们，也都是这样起步的。在此，我们再次感谢他们接受"三明治"的采访邀约，分享他们的写作和生活。

在这里想补充的一点是，请不必用仰望的姿态阅读本书。人存在的样子，还有很多没有被发现。阅读这些已经开始写作的作家的内心和生活，你会明白，写作深邃而痛苦，却又自有该死的魔力，让我们到今天还仍然想用抽象的文字，去构建具象的人的样子。

你也可以写。

三明治

2024 年 6 月

活着为了讲述

从她记事以来,她就相信一种高于人类的、公正的存在,并且认为这种相信可以给予她力量。这种相信也带来一种恐惧。

三三:全职写作两年,试着和焦虑成为损友

撰文
若冰

side
A

1

在上海，你很少有机会侵入一个人真实的私人领域，更何况，她是一位作家。

但当我们在周末晚上八点的上海街头犹豫要去哪里喝一杯时，三三欣然地提出可以去她家坐坐。

"我先给爸妈打个电话，他们一定会很高兴的！"一路上，三三像第一次邀请朋友到自家做客的小学生似的，雀跃又紧张。她说，妈妈已经在重新帮她叠被子了，又自顾自地解释说，她的房间很小。

这是一套形制不规则的商品房，仿佛七巧板一般把房间挤在一起，客厅挤在进门的餐厅与两间卧室之间，若要从房间出发去厨房倒杯水，必定会遮挡住客厅里正在播放新闻的电视画面。三三的卧室像任何一个喜欢漂亮的女生的房间：苔藓绿壁纸，奶油色窗帘，书桌下铺着刚网购的马尔济斯犬毛绒地毯，床头摆着栀子花味的香薰，窗台上摆着琴叶榕。大边柜上放着新买的《鲁迅日记》，三三打算续写鲁迅的一个未竟长篇，构思一个唐朝故事。

虽然已经写作十多年，出版过四本短篇小说集，获得过各种被主流文学界认可的奖项，身为一个小说写作者，三三却认为自己是"不重要的"。她很瘦小，有时喜欢涂深紫色的口红，直发披肩，遮住巴掌大的瓜子脸。或许，容易隐藏在人群中的身材，让她有了更多机会暗中观察。她的朋友王苏辛说，"三三既知道小伙伴们知道的一切，又十分守拙地保持沉默"。大多数时候，她都是一个倾听者。气氛沉寂下来时，她又会冷不丁冒出一个冷笑话。在她的小说中，你也可以读到这种节奏感。

三三和父母在 2022 年末搬进了苏州河畔的家，向窗外望去，可以看到静安大悦城上霓虹闪烁的摩天轮。这是父母卖掉了几套房子置换来的。对从小长在黄浦区的老一辈上海人来说，居住在可以步行至人民广场的"上只角"是毕生的心愿。三三知道她是幸运的，在上海的市中心，她拥有一间自己的房间。

"三三"的笔名来由版本丰富，其中一个是，她是父母的第三个孩子，因在她之前，父母曾有两个夭折的婴儿。因此，她被取名为"姗姗"，谐音"三三"。

千禧年初，三三开始混迹于新浪聊天室，在论坛上的网名是"秦楚荒夕"，QQ 上叫"持觞敬淮阴"。高一那年，她参加了 BBS[①] 论坛现代文艺板块的一场写作活动。活动内容是以网友的名字为题写一篇小说。后来，这篇《章鱼公园》获得了全国青春短篇小说奖金奖。在三三的一些小说作品中，你能读到一种初代互联网的浪漫氛围：《补天》里，在网络诈骗风行的年代，"我"通过网络认识了一位怀揣着"补天"使命的年轻人，并踏上了一段追寻信仰的旅程。邮件、博客、

---

① Bulletin Board System 的简写，直译为电子公告板，现特指网络论坛。

聊天记录，这些互联网时代的具体经验，成为她小说里的线索、伏笔和表达媒介。

三三说，如果她喜欢一样东西，就会不计代价地投入其中。大学本科时，她和当时的男友常通宵打游戏，但往往也只是助攻角色。网吧污浊的空气加重了经年的鼻炎症状，塑料键盘密集的咔嗒声伴随着充斥血味的咳嗽，三三会升起一种奇怪的征服欲，感受到自己在和游戏中的目标抗衡，在和自己的生命抗衡。

"这是一种健康的征服欲，它不需要和任何人有关，只是自己跟一个系统的搏斗。"但三三又补充说，"游戏很虚无。我花很长时间，攒很多东西，换到一个复活节礼品，造一辆摩托车，但是当你拥有它的时候好像就失去了某种意义。当你断网或者把游戏删除的时候，游戏就完全离开了你。"每件事物都有虚与实、好与坏，后来都被记录在她的短篇小说里。

华东政法大学的法律专业是三三的第三志愿。她平时不太上课，只在考试前两周复习。毕业前唯一的门槛是司法考试，"过了就行"。大学毕业后的人生才是一场真正的大型游戏。三三成为一名全职知识产权律师，与交往了六年的男友分了手，也不再打游戏。

写作，渐渐成为她生命中重要的事情之一。在做律师的日子里，她几乎需要奉献出自己全部的时间与人格，即使只是戴上社交面具来应对客户、同事、老板，长久地浸泡其中，也会让自己变形。那时，三三觉得自己需要一个主业，而小说只能是游戏副本。但她很快发现，自己是一个过分认真的人，只要开始做一件事情，就无法"摸鱼"。

2

  2023年初,三三打包了去南京的行李,结束了短短半年的文学博士生涯。她存好了未来两年的生活费,打算全职写作。此时距离她的35岁,还有三年。三三把35岁作为找到一份稳定工作的最后期限。这是父母的期望,所谓稳定,指的是从事公务员、大学老师,或者有编制的其他工作。当然,结婚也被列入"稳定"的范畴中。

  这是她第二次在旁人眼中所谓现实和理想的摇摆中,选择了后者。第一次在2019年,28岁的三三辞去做了五年的知识产权律师工作,从上海前往北京读创造性写作硕士。

  大学毕业时,三三出版了《离魂记》,被冠以"90后王小波"的称号。但于她而言,作家的身份与律师的身份就像两个不同的人格面具,各自在平行世界里尽力扮演好自己的角色。在律师的世界里,三三就像任何一位勤勤恳恳的初级职工一般,加班到凌晨,回家累得倒头就睡,挤不出时间写作。只不过,五年的律师生涯之后,她离开了律师的游戏世界,重启小说的游戏副本。高强度职业的惯性让她在重拾学生身份后,保持了写作的高产。一篇篇或虚或实的故事凝结在三三的想象里。从2021年出版的《俄罗斯套娃》到《晚春》,三三以写作的方式,观察他人也观察自己,书写现实也描绘梦境。

  在90后作家群体里,三三取得了一些公认的成绩。但她仍对自己的写作怀疑,"怀疑写得不好,怀疑写作没有意义"。驱使她写作的,显然不是成就感,而是一种如幻想般只存在于她脑中的东西。有时候,她称之为"公道"。从她记事以来,她就相信一种高于人类的、公正的存在，并且相信这种相信可以给予她力量。这种相信也带来一种恐惧。恐惧感驱使她变得可靠，驱使她读书以了解更多，驱使她在人群中隐藏起自己，做一个观察者。

三三将这种宗教性的信仰感归因于天生。小时候的寒暑假，她被寄养在城隍庙附近的外婆家，三十多平方米的房子，两室户，巅峰时期曾同时住过六口人。满屏雪花的电视频道、镶着倒刺的老木门、布满尘垢的墙壁，在老人所居住的环境里，三三感受到一种抽象的力量。外婆的东西掉在地上，三三会在佝偻脆弱的她弯腰之前，迅速帮忙捡起。与老人一同走路时，她会刻意放慢脚步。

舅舅的故事也发生在这座坍圮的老公房里。2018 年，50 岁出头的舅舅因病逝世。他曾是"传统、保守，也拮据"的上海普通家庭中的唯一希望，是"草窝里飞出的金凤凰"，却在旁人艳羡的七年法国硕博留学生涯之后，回到上海，选择过一种最普通的人生。"因为舅舅的独特存在，我很小就尝试去认知命运，思考梦与真实，思考人在时间洪流中如何细微地行动，思考那些行动之间的关联与意义，为此非常伤感。"对三三而言，舅舅是一个完美而普通的人，是她向往成为的样子，是她能够不断回望的对象。

但这种向往会因死亡与时间的磨蚀而渐渐褪色。身为一位关系不远不近的晚辈，三三永远无法像朋友一般与舅舅并肩走在生活里，也难以听到舅舅真实的袒露。她只能从舅舅留下的刘文正、钮大可、Eagles、Carpenters 的磁带与 CD，从舅舅所推荐的阿列克谢耶维奇的《二手时间》中，反复回想与揣度他隐秘的内心世界。三三在《暗室》与《巴黎来客》中两次写到舅舅的故事，前一篇以第三人称描绘了一个暗涌着窘迫与紧张的家庭，后一篇则以第一人称的男性视角糅合了离家的异乡人成为永远的客人的故事。三三用这些短篇故事一点点填补对那段不可及的生命的遗憾。

也只有在这些回望的故事里,你才能读到滚滚向前的时代在每一个人身上所铸刻下的真实痕迹:舅舅因上海世博会额外得到的工作岗位、外公攒了一辈子却因货币贬值而突然化为废墟的零星资产,以及一个普通家庭面对拮据的生活现实不得不做出的妥协。

3

三三的写作始于一种"玩"的心态。退出游戏世界,三三在小说的想象世界里继续遨游。2013 年出版的《离魂记》中的同名篇就诞生于网吧的两个通宵之间。三三以光怪陆离的想象力瓦解重构了《诗经》《太平广记》《六朝怪谈》里的各种古典传奇,在某个特定的历史时空里嵌入进行时的现代时空,让人迷失在故事间,分不清哪个是梦境哪个是现实。

而在 2021 年出版的《俄罗斯套娃》里,三三展现了更多变的写作风格。《补天》像一个寓言故事:一名实习律师通过博客发现了一个"惊人"的补天计划,经过一段疯狂的探寻,最终归于"碌碌无为";《恶有恶报》中的"我"与一位疯子式的数学天才,以信件的形式探讨着"何为恶"的伦理问题;而《疯鱼》则是一篇更为现实主义的成长小说,在大家族隐秘的隔阂与攀附之间,潜藏心事的女孩将鱼缸中的观赏金鱼掷入沸腾的油锅。

在三三的笔下，都市生活并不美好，秩序井然背后总是一地鸡毛。发生于杭州的《晚春》里，儿子、父亲、继母、女朋友，四人的自私与暗中怀疑被隐藏在醋鱼与油焖春笋编织的和谐餐桌之下；《即兴戏剧》里，作家"三三"表面上指教着写作爱好者吴猛，背后却有种种自私的评判，故事结尾，"三三"意外身亡，而活着的吴猛渴望自己站在舞台中央；《以弗所乐土》里，在伊斯坦布尔朝圣的旅途中，长年的友谊因琐事而破裂，而结尾寻得的圣地以弗所乐土却只是一片荒芜的废墟。《晚春》里的故事如伯格曼的电影，结构精巧，总在结尾处予人意外；语言雕琢，搭起一帧帧精心布景的画面；家庭、伴侣、朋友，人们在表面的友善之下，各怀令人难堪的心事。

虽然在小说里常描写丑陋与阴暗，三三在日常生活中却体现出一种高度的善良。和朋友聚会吃饭时，她会在出去上厕所时顺便买了单，一声不吭地回来，直到另一个人问起，才发现单已经被买过了。过年装修师傅上门，临走前，三三总要给他拿一点食物，即使只是一盒巧克力。"他们过年还到别人家里工作，我会有点难受，大概是一种患贫患不均的超现实想法。"

三三说，舅舅的突然逝世让她真实理解了死亡，2018年之后，她开始对小说中的人物怀有一种"救赎"之心。即使世界千疮百孔，她无时无刻不在用一种辩证眼光看待每个人与每段人生：暗黑之内，会透露一丝亮光；终点以外，会涌出一条岔路；绝望之中，偶现一点可能性；平凡事物的缝隙中，能滚出一道惊雷。有一天，她在人民大学望不到边际的图书馆里，突然就明白了天堂的样子——伴随着对无限与未知的恐惧，是取之不尽的惊喜。

side
B

三明治 你的笔名为什么叫"三三"？

三 三 之前的采访中我经常被问到这个问题，每次都尽可能给出一个不同的回答，因为同一个答案说好几遍挺无聊的。每个答案都只是一部分原因，比如"三三"是个坤卦；与真实姓名"姗姗"相对，平翘舌音都可以读；等等。不过最直接的原因是，当时上海作协有个百校行项目，每年暑假会组织一些高中、高校学生去青浦写作营。一旦有作品发表，编辑会给作者取一个笔名，就像小时候英语课堂里老师会给你发英语名字一样。老师说，就叫三三吧，三三很好听。

三明治 你会有什么特定的写作习惯吗？

三 三 一般会在晚上写作，也就是一天快结束的时候。开始得晚，也就养成了熬夜的习惯。不会考虑每天要写多少字，因为这不是自己想写就写得了的。即使硬写，第二天还是会删掉那些东西。

刚开始写作的时候，我一般会先阅读各种东西，借助某种氛围去唤醒自己的语感，然后开始写作。但尝试几次以后，我现在觉得没有必要去事先阅读了。最好的是，用天然属于你的语气去写作，而不是迷信别人。例如，大家都说博尔赫斯是"作家中的作家"，他确实能给人带来感觉上的启发，但假如沿着这种启发去写作，充其量只能成为天才的影子。

三明治　最喜欢的作家是？

三　三　很多，还是说一个爱了很久的吧，爱丽丝·门罗。门罗能发现日常洞穴最深处的秘密，很难定义门罗究竟是一个怎样的作者，刻薄、隐忍、残酷，又以某种必须趋近真相的温柔和恒心接纳了她所看到的一切。由于叙事技巧层面的丰富性，门罗是一个很容易被片面解读的作家，也时常被误读。

三明治　你的短篇小说集总是会有一个主题，比如《俄罗斯套娃》中的十二篇对应十二个月，《晚春》中的每个篇目又以一座城市为基地串联成一张地图。这些都是你提前设计的吗？

三　三　小说集《俄罗斯套娃》在出版前，就有了整体的构思：十二篇，每个故事发生在某一个月份中。写到《凤凰于飞》（9月）的时候，我发现季节对小说空间的影响是很强烈的，把外在时令的氛围融入小说里，应该会是一个有趣尝试。所以在创作过程中，就有了"月份"故事这样的理念。

而最新的小说集《晚春》，用的是"城市地图册"的概念。这是在整部小说集完稿以后，和编辑江晔一起讨论出来的将整体串起来的概念。梁鸿老师曾在给我的评论里写过这样的话："三三显露出一个城市精魂把握者的敏锐。她极擅长于在文本中创造一种飘忽的、不可捉摸的气息。城市吹过的风，潮湿的气息，漫天的夕阳，不是作为客观事物存在，它们是人物情感的一部分，既是充塞于所有空间的阔大存在，同时又只存在于人物的微小内心。"这给了我启发，城市已不再仅仅是一个地理空间，更是以一种抽象气息的形式存在于文本之中，我觉得这是一个很有意思的串联元素。

三明治 在你的小说里，故事向前发展的间隙总是突然会出现一个"梗"，读到时像是车技很好的司机师傅冷不丁讲了个冷笑话，读者仍在顺利向前移动着，却很难不发笑。

三 三 我觉得构建这样的细节很有趣。比如，我最近写了一篇关于打 Dota 的小说，里面很多细节都是完全虚构的，比如我给一个游戏选手的 ID 取为"野马尘埃"，因为这个名字出自《庄子》，有点太文绉绉，网友提到他就只称为"YMCA"。我们知道，《YMCA》是 Village People 的一首歌，非常有名，庾澄庆还翻唱过，所以每次当这名选手在国际比赛里有亮彩的操作时，台下的粉丝就会开始集体合唱这首歌——当然，这些都完全是虚构的。再比如说一个选手，他的游戏 ID 是 197，跟他的身高一样，但是后来他的水平不行了，别人会叫他 167，直接给他减 30 厘米。

三明治 你会评判自己的作品吗？最满意的一篇小说是？

三 三 会，评判，然后下次才可能有所改进。在小说集《晚春》里，我自己最喜欢《巴黎来客》，因为它和我的生活非常相关，有些感受直接取自真实生活。比如，当年外公把舅舅在法国留学期间攒的一点点欧元换成了美元，但后来欧涨美跌，这成了一件亏本生意。外公晚年说过很多次,"早知道就不换了"——这当中包含了很多感受,比如我们可以看见这个人的内在状态:他在被衰老吞噬,他是贫瘠的,因而对一个小错误耿耿于怀;也可以感到这个人所经历过的大时代,很多年里,世事变迁,他拼命累积的东西被洗涤去了大部分价值,这种忐忑、惶恐时刻萦绕在他心里。这在小说里可能只有一两句话,但都是很真实的感慨。

三明治　你曾说:"我最大的理想是看清这个世界的真实,我是用叛逆而决绝的心在看。这对我的写作方式有很大影响。"这个影响具体是什么?你如何抵达这种真实?

三　三　这大约是两年前采访中的一句话,现在回望,语言仿佛又显出漏洞。究竟怎么才算"真实"?"叛逆"所抵抗的又是什么?但我仍然能感受它所表达的含义,在创作早期,我就尽可能避免天马行空式的想象形式,而把创作能量集中在对于情境感觉的揣摩之中,将虚构赋予一种"真实"秩序,是使小说空间具有生命力的重要奥秘。

但近几年,我读了同济大学张文江教授的一篇文章:《渔人之路和问津者之路》。大致是说,在《桃花源记》里面有两条路,一条是通路,即渔人之路,另一条是塞路,即问津者之路。渔人之路从亮光到桃林,再到桃源,是一条自然发现的路;而问津者之路处处循着标记,却最终迷路。想要抵达真实,也许亦是如此。叛逆、决绝并不能提供助力,反倒是抛开各种经验和充满目的性的边框,才能循着自然往前走去。

三明治　作为一个成长于上海的作家，你对上海或者都市的书写，是否有受到张爱玲、王安忆、金宇澄的影响？你希望有这种影响吗？

三　三　这个问题超有意思，王安忆有没有受到张爱玲的影响呢？金宇澄有没有受到韩邦庆（张爱玲翻译过《海上花列传》）的影响呢？这些作者，归根结底，是受到上海这座城市的影响，还是受到哪里的影响？关于事物之间的种种关联，我现在找到了一个很好的答案："生物之以息相吹也"（庄子《逍遥游》）。翻译过来是说，事物之间的气息相互照拂。我想可以举这样一个例子，这些书写上海的作家们（也包括提问中没有问到的所有人），正在合作演奏一首关于上海的交响乐。毫无疑问，他们奏出的旋律整体上恢宏、明亮，大气磅礴。然而，假如有某一瞬间，我这块最没有存在感的小小三角铁敲出一两声，而恰好又被人听见了，我会觉得那是非常美妙的时刻。

三明治　全职写作，没有稳定的收入，会感到焦虑吗？

三　三　我最初以为自己是佛系的人，对外界环境要求并不高，对大部分事情也不在意。所以，即使收入不稳定，也可以躺平。然而，真的开始全职写作之后，仍然会有焦虑！

焦虑并不在于经济——实际上，经济状态只是精神状态的一种象征切片。假如以一种过于拮据的方式生活，那么选择写作这份职业，更显得孤注一掷，也会伴随对写出来的小说是否足够好的焦虑。但是人生在世，很难真的过毫无焦虑的生活。某种程度上，焦虑就像人与外界关系上相连着的一根火线，唯有顺其燃烧，才能抵达想去的地方。所以，试着和焦虑好好相处吧，说不定能发展成损友的关系。

三明治　全职写作的两年里，有什么写作计划？

三　三　打算试着写一部长篇小说，但对我来说，有比较大的难度。因为此前写过最长的小说，也不过写了二万五千字，就是发表于《江南》杂志社的《长河》。长短篇的写法、读法都不同。我曾听到一个说法，在影视媒介高度热门的当代，我们习惯于用1.5倍速度观看电视剧。这种速度同样被运用于阅读长篇小说，然而，短篇小说是为数不多的只能用单倍速度浏览的文体，好的短篇小说甚至可能需要浏览数遍。至于在创作方式上，长、短篇小说也完全不同，我已经出过四本短篇小说集，但一直缺乏写长篇的意志。想利用近两年时间，克服种种，去创作一部长篇。

我不喜欢一个艺术家、作家刻意表达正义的态度。我更看重关于人的真相、人在这个世界上到底是怎样的存在，而不是把这个人物描绘得多么生动形象，多么典型，他跟现实中某个人有多像，我不太在意这些现实主义评判标准，我在意的是人的存在是什么样子的。

彭剑斌：把写作变成职业，容易用一种世俗的标准去判断它

撰文
渡水崖

side A

消失

"就是这里割了一刀,你看。"彭剑斌用那只没拿烟的手,把衣领往下拽了一点,又很快收了回去,分寸感十足。这也导致我根本没看到他脖子上那道疤。"我觉得我生病跟自己这两年写东西太用力有关。写得很吃力,很消耗体力心力,所谓用命在写。"

他说的是《寂静连绵的山脉》,一本小说集。因为彭剑斌来,编辑的办公室破例被允许抽烟,一上午烟雾缭绕。"手术之后,戒了一个月烟,后来继续写,就非得抽根烟,不然没法写。但我抽的都是细烟,应该伤害比较小。"

吸烟、生病,但不停止创作,历史上很多作家、艺术家都这么干。彭剑斌有点喜欢这种悲壮的感觉。确诊那天,他走在回家路上,心想,"我现在是一个癌症病人了"。但很快为此感到羞辱——他患癌的部位是"可有可无"的甲状腺,只需要做一场"不大不小"的切除手术,就能恢复健康。放眼病房,有两位病友得了严重的咽喉癌,要做全切手术,术后不能正常进食、说话;一位病友患了舌癌,要把屁股上的肉挖下来,填充到嘴巴里。而他很快出院,所失去的器官功能,只需每天吃两粒药丸就能替代,"癌症患者"这个身份就像从未存在过。

还有"作家"的身份。一直以来彭剑斌虽不为读者所知,但在泛写作圈内还挺有名,出版的第一本书《不检点与倍缠绵书》就受到了业内认可。很多作家、出版人和媒体人说他"写得好"。在标准难定的纯文学领域,单一个"好"字,似乎更接近由衷的赞美。《我去钱德勒威尔参加舞会》出版后,彭剑斌搁笔了七八年,整个人更是从公共视野内"消失"。这一次写出新作,他来北京连续参加了几天文化活动,看起来在人际交往上更成熟了,还有一种说不出的松弛感。

但我也很快见到了他松弛背后的紧张。

我们在一个多人聚会上见面,他的第一句话是回应我此前针对新书中一个短篇写的短评,随后认真解释起人物动机。"我现在心态不一样了,"他说,"我会想象读者的各种反应。"想象似乎更多围绕着批评的声音。新书上市不久,他甚至亲自上手给自己写了一篇"批评",文中用词凶猛,"商品""表演"。

什么样的书或创作不会沦为一种商品和表演?或者说,作品成为商品,有什么不好?

"我多年以前在日记里写过一句话:我的志向不是想走得更远,只是想走得更偏僻。"彭剑斌把写作比作走路,他喜欢自己和别人写得不一样的感觉,"但是走到了一个很偏僻的地方之后,我好像又开始往人多的地方走了。或许往人多的地方走也是对的,但是我心里很膈应,还是喜欢一个人待着。"

彭剑斌的写法是表达内心独特的感受,他称之为"自我暴露"。作品中所描述的在贵州小县城跑业务、青春期爱恋、发小的遭遇,都是真实经历。小说中的人物多半是生活中真实存在的人,有着真实的姓名。但"公开发表"让他开始怀疑这一切——"他们都信奉一个观点,作者要隐藏在作品后面,不能暴露自己,作者应该像个上帝一样去创造他笔下的世界"。真实、独特,使之经历了面对同行的羞耻,然后是面对更多读者,包括媒体时的不安和小心翼翼。

采访结束后,彭剑斌显然变得轻松多了,去办公室楼下吃牛肉面时甚至有点雀跃,一路上把一颗刻着妻子名字里一个字的木球捏在手心把玩,中途掉落到一半,被他一把捞了回去。这倒是那个编辑形容的彭剑斌了——对生活中一些小细节的反应极快,"动如脱兔"。这些年,撤回自己的领域,比在众人面前当作家更自在。

一场合情合理的"消失"。

青春

"中年男人。"彭剑斌这样概括自己。

他有很多身份:丈夫、父亲、公司里一个受到重视的职员、杂志编辑……唯独讨厌"'没有多了不起'的作家"这个身份。非要说的话,他觉得自己顶多算个"文学爱好者"。"以前我愿意自称文学青年,但现在也不青年了。"他笑。

彭剑斌1982年出生,可能和戴眼镜、有点窘样的浓眉有关,样貌是显年轻的。听他谈论文学,会感觉到时间在他身上的凝固,进而令人忘记他的年龄。他的写作也有点"逆社会时钟",都是讲年轻人的事儿。他说，这既是为还欠下的"债"，把一直搁在心里没写完的老故事补齐，也因为青春怎么写都美。中年太没有诗意了，全是很现实、很困顿的东西，写中年会很丑。

彭剑斌很喜欢青春年少时的自己。一个"不起眼、普普通通"的男生，因为爱上文学，对生活的追求开始变得不太一样。他会去地摊上买旧书、旧杂志，为了找诗歌爱好者，会在社交软件上搜索网名带"诗"字的网友，还曾视一篇新概念作文大赛获奖作品《物理班》的作者为同道中人——那是一篇语文老师课上念的"范文"。那时候是1999年，新概念第一届，彭剑斌在读高三。

文学使人"叛逆"。尖子生彭剑斌从校园评判标准里脱离了出去，他觉得应试教育没意思、高考没用，成绩一路往下掉。"我已经去另一个跟现实世界没有太多关联的精神世界了，那些来自现实世界的声音，我不会很重视。"但高考考砸，他又慌了。

他想到当时最喜欢的"抽屉文学"[①]代表作家余杰，又想到新概念获奖者有机会保送上大学，就给余杰在北大中文系时的老师钱理群写了一封自荐信，想让钱理群保送他上北大中文系——当然，没有任何回音。"我觉得他收到了也不会理我吧！"

最终，彭剑斌进入一所职业技术学校，不怎么去上课，也不像其他同学打游戏、看武侠，他把时间都花给了图书馆里的西方浪漫主义作家和现代主义作家。一开始顺着余杰随笔里的推荐读了卡夫卡、爱伦·坡、王尔德和凡·高，又用一个学期读完法国文学，然后是里尔克、福克纳、鲁尔福……读到最后，日常思考问题的方式都成了翻译腔。这时期他写过诗歌、小说和日记，有的写完会烧掉，不告诉身边

[①] 指放在抽屉里尚未发表的文字，也指角落文学。

任何人自己在写作，享受一种"抽屉文学"的浪漫主义式的孤独。

卡夫卡等影响了他的文学品味。彭剑斌很看重品味，这多少造成了他精神同伴的稀少。采访中，他无意识地说了很多个"low"：不爱跟大学文学社的玩，他们写的东西太 low 了；有个朋友叫他把自己写的小说给一个女孩子展示一下，这种手段很 low。"文学就是我的女朋友，我怎么能拿我女朋友去吸引另外一个女人？"以前写的某些篇章、某个男主角怎么那么普通、那么 low？

后来，彭剑斌总算找到了一个可以交流的地方，黑蓝论坛[①]。2006 年，彭剑斌踏入社会，这是一个谋生时难以诚实、时常冒出罪恶感的人生阶段。他做过销售各种商品的业务员，这份工作带他跑遍珠三角、贵州、浙江等大大小小的城市。白天他面对代理商和客户，晚上回宾馆里把生活中的荒诞和趣味编排成小说。

彭剑斌写得快，手写，半夜去网吧贴到论坛上，再把手稿撕掉。渐渐地，在网上认识了不少结交至今的作者朋友，其中就有他第一本书的编辑。

30 岁以前的生活是不停地走，在一个地方待得不开心，就转身离开。彭剑斌说，那时收到最多的评价是"不现实、很飘"。父母借钱供他念书，他不好好上学，毕业后工作也不见上心，老两口都生怕他做什么坏事。当他在出书之后坦白交代自己在写作时，没想到母亲更担心了，在电话里哭泣，觉得这条路会很难走。

现在，湖南老家村子里的邻里乡亲都知道彭剑斌写小说，但没有人真的买回来看，他倒也松了口气。有一次彭剑斌回去参加亲戚的婚礼，看着喜宴上坐满了自己小说中的人物，心中感慨万千。想

[①] 一家致力于当代文学、视觉和电影艺术的文学网站。

到一位因名字好听就被他拿去给小说中女主角用了的婶婶,他一直担心对方看到这个故事后,会误会自己在对她施加与小说角色相同命运的诅咒。

彭剑斌还有一段"失败"的恋爱。他把两人当年来往的邮件放进了书里,编成了一篇书信体小说。篇名取自女孩写给他的一句话,"希望你健康并且不害怕"。在二人往来邮件中,他也说过很多这样明亮温软的话:玩很重要、对日子本身感兴趣、尊重大多数人的生活……既带有善意和智慧,也流露出日子仍受金钱、工作选择和情绪困扰的郁闷。

"我这个人处理现实的能力比较差,当现实和文学发生强烈的冲突的时候,本能地就会抱住文学。"他沉默,干笑了两声,接着说,"很讽刺的是,两年之后我就去长沙了,只能选择妥协。"

日子

人在年轻时,处在"人类幼稚阶段",人到中年,"主动寻找自己应接受的命运"。

彭剑斌谈论自己和谈论文学时的态度截然不同。对后者,他说长长的话,掩不住兴奋,对前者却总是概括性的、持有隔岸观火似的态度,像是在陈述"我草草地度过一生"。这倒也符合他的写作心理:为了记录自己的普通和渺小,以免在这世上消失不见。

无论如何，彭剑斌对自己"妥协"最强烈的认知是从拥有一处房产开始的。2013年，彭剑斌在长沙一位写作者朋友的举荐下，以"特殊人才引进"的方式在一家媒体公司谋得一个工资仅供糊口的闲职，半年后跳槽去了《晨报周刊》，从此便在长沙扎下根来。两年后，他买下湘江边的一套小三居室，背上了房贷，萌生出了从未有过的想法："这辈子就只能在这里待着了，再也没有甩手走人的可能。"

但彭剑斌不喜欢长沙，没办法对它产生亲近感。大学毕业那年，他两次专程过来，在大街上走，想找编辑、广告创意类的工作，却失望而归，留下了不好的印象。"我基本上没做过自己喜欢的工作。"他总结道。业务员所需要的特性和他内向的性格不吻合，广告文案的标准更媚俗，送快递太辛苦了。彭剑斌曾是一家独立出版品牌的初创成员，自己跑完了一本书的所有流程，但他仍不想将出版作为一份"职业"。

在《晨报周刊》当编辑，是彭剑斌第一份"不摸鱼"的工作。他不仅要跑社会民生的选题，还要采访作家。在这期间，他彻底搁下了"写作"。分析起搁笔原因，彭剑斌眉头紧锁，眼里有真实的困惑：可能跟来长沙有关；也可能跟媒体工作、与组建家庭有关；还可能因为跨过了BBS、博客时代，移动互联网崛起，人人用微信，来自外界的阅读反馈太及时了；也许还受到创作生态变化的影响——时代的确不一样了，四年之后，《晨报周刊》受新媒体的冲击由裁员、紧缩开支，最终停刊。

2017年，彭剑斌结婚，年底儿子出生，没几天他就成了失业人士。不过，他还没来得及为生计发愁，就有一家出版社找他译注古籍，还有福利彩票报纸请他帮忙编排版面，算一算收入不错，彭剑斌索性在家一边兼职，一边带娃。

儿子是牵出他温柔面向的一个话头。他说,自己对父亲这个身份有很长时间的排异反应,有时会想起卡夫卡,害怕自己像他的父亲一样,带给孩子不好的影响。"我很警惕权力这个东西,我最受不了自己被别人左右,然后自己也去左右别人。"说着说着,他又像警告自己似的,"承诺"自己不会"鸡娃"、不会干涉小孩以后受教育,也不会要求他长大后搞文学创作。

投身家庭是不是一种幸福?是,但和文学的幸福是两码事。

彭剑斌和妻子感情不错,面对家庭生活中的琐碎也更倚赖对方些。2020年,在搁笔七年后,他应出版之约开始写新作品,妻子主动提议他在单位附近租个房间安静地写,不被打扰——彭剑斌"无业"两年多后,教育报刊集团一本新成立的教师文学杂志找他做编辑,工作地点在郊区,来回通勤有四十公里。

"真是苦不堪言。"彭剑斌说那个租房写作的小单间,每天两点一线,下班回来开始枯坐,也不出去走动,连小区里是什么样子都想不起来。更绝望的是找不到从前的状态。哪怕还是抽烟、熬夜,那种青春涌动的能量却不再了,能唤起美好的感觉,却写不成理想的样子。他也为第一次提前预知了"写作要面对读者,不再单纯是取悦自己"而懊恼。

"我以前很迷恋自己的作品的,我可以看自己写的东西看20遍以上。"彭剑斌又点上一根烟,语气认真,不像玩笑,"我对我的作品本来是自信的,这个自信不是觉得自己很厉害,而是我很喜欢它们,我知道什么样的表达会让自己读起来愉悦。但要让别人读我的作品也很愉悦,就比较难,我揣摩不透别人心里到底怎么想的。"

彭剑斌不太擅长和读者打交道。新书里有一串他的QQ号,有四位读者因此加上了他的微信。他很蒙,问如何解除两者的绑定。彭剑斌的微信名叫彭剑斌，QQ昵称叫"鳜膛弃"，来自二十年前自己在游戏里输入姓名时打出的一串乱码——作为笔名，沿用至今。

很多类似的时刻，这个人好像是在这里，又好像还在从前。

我进而问，现在有没有文学之外的爱好，他想了半天，说没有。好在唯一的爱好并没让他灰心。前几年，他拒绝了前辈邀他加入作协的好意，以防影响继续写作的心态。而最近，彭剑斌刚把湘江边的房子卖掉，换了一套离单位近的郊区房，一来二去，手头还剩了些钱，不用再为生计发愁了。"这样我就可以不求发表、赚稿费了，也不用再关注那些文学期刊、公众号。随心所欲地写吧，希望自己能找回以前的状态。"

side B

三明治　为什么你没有选择职业写作？

彭剑斌　我从一开始就没想过全职写作。我想写作主要是受到"抽屉文学"和卡夫卡的激励。我觉得我好像就该像他那样，当一个文学史上的"异类"。卡夫卡也是一边上班一边写作。我不羡慕全职写作的状态，全职有全职的烦恼和压力。

三明治　工作生活都很无聊的时候，有没有想过去全职写作？

彭剑斌　工作确实很无聊，我基本上没做过自己喜欢的工作。但是我早就想通了，这是一个无解的难题。除非我突然发了笔横财，可以专注于自己的爱好，但那也不会是一份工作或者一个职业。我虽然排斥"人一定要有个职业"的想法，但没办法，我还是得去上班。把写作变成职业的话，很容易用一种世俗的标准去判断它。

三明治　出上一本书的时候，你说讨厌竞争？

彭剑斌　我以前在日记里写过一句话："我的志向不是想走得更远，只是想走得更偏僻。"我只是想走到一个没有人的地方而已。我从来不是要超越所有人，而是我要去的那个方向本来就没人。如果我只是因为超过了别人，远远地走在前面，它带给我的快感远远没有前者大。这可能是一种浪漫主义情怀。

三明治　　你说的这个方向挺孤独的。很多人追求"群体"，是觉得"群体"可以对抗孤独。

彭剑斌　　孤独也好，悲壮也好。我比较喜欢这种状态。很多人少年时都有这种想法，不愿同流合污。不一定说大众就是"污"，但就是不愿意随大流。很多人过了少年阶段就会回归正常的人际关系或者社会关系，但可能我幼稚的阶段比较长，成年以后，还抱有这种浪漫主义的想法，觉得自己要做个孤独者，这样比较好玩。反正我是乐在其中的，觉得这样很自在。

三明治　　写小说也是这样吗？

彭剑斌　　对，我会把更多目光投向那些不是主角的人。不管是看影视还是小说，我总会被镜头里一闪而过的群演或者小说里某个配角吸引。我会想，为什么这部电影不拍他？难道他身上没有值得拍成电影的故事？比如说我有篇小说，写到一半，视角就跟着一个路人跑了，就是为了体现我这种奇怪的关注点。这也是反现实主义的思路。因为现实主义的小说会设定一个天生的主角，好像读者的目光都应该要在那个人身上，其他人只是他故事里的配角，但其实可以不这样。

三明治　　为什么书里会用自己的名字？

彭剑斌　　从我写小说开始，给人物取什么名字就一直很困扰我，我早期会用字母来替代名字，出现最多的就是"H"。H来自我高中时给自己取过的一个笔名"黄昏"的首字母。后来我慢慢开始给人物取名字，取来取去还是觉得不自在，干脆写的时候直接用人物原型的名字。

三明治　他们知道自己的名字被写进书里了吗？

彭剑斌　他们应该不知道。因为我早期所接触到的人，都跟文学没有任何关系，他们也不是文学读者，不知道我写小说。但现在不一样了，现在我认识的都是写作圈、文学圈里的人，完全不敢写他们，别说写他们的名字了，可能连把他们的事件写进来都不敢，因为他们会看到。

三明治　你说现在是用"命"写作，之前用"生命"写作，两者的区别是什么？

彭剑斌　用生命写作，就是我把生命融入写作里面去，写作在呈现我的生命。但现在我是在拼命地写。我感觉我写的东西不再是从生命中自然流淌出来的了，而要通过设计、技巧，把不同的泥巴生硬地捏在一起。我找不到以前写作的那种快感了。现在更像是在努力地完成一件可能超出了自己能力、体力、脑力极限的事。

三明治　但你一直是知道自己写得好的。"天赋"这个东西，你自己怎么看它？

彭剑斌　我已经写了二十年了，我不觉得自己有天赋。天赋是与生俱来的，是一种无人能及的能力或者才华，我没有。以前我确实写得很自信，但不是因为觉得自己有天赋或者找到一个写作的新领域而自信，而是我写出了自己独特的感受。每个写作者都有独特的感受，但很多人一开始会用学徒的心态向那些成功作家看齐，觉得他们在写更重大的主题、更广阔的人群，自己也应该向他们靠近，写成他们那样子。但我觉得还是要看自己是什么样的材料。如果和某个作家确实相近，那可以往他的路子上写，但很多人只是因为喜欢某个作家的某种写法、某种表达，就把自己往那个方向上塑造。那就等于放弃了自我，放弃了属于自己的东西。所有人都有自我，对吧？但大部分人不敢于放大、坚持、揭露这个自我。比较幸运的一点是，我从来没有想要向哪个作家看齐过，也没有过所谓学徒的心态。我在大学的时候,把写作的目标定为了"揭露自我的黑暗"，后面有一段时间想起这个目标，觉得很羞耻，但是现在我还是敢于把它拿出来说，因为我意识到它是很宝贵的。

三明治　　这种独特感受的写法，它能持续多久？你会考虑用什么办法把自己的独特性尽量留住、留得更久一点？

彭剑斌　　没怎么考虑这个。我写独特的感受首先出于一种自我认知——我能力一般，不是才华突出的那一类写作者，比如说大家都写的那些题材，我肯定不会是写得最好的。那么我只能另辟蹊径，写不一样的东西，挖掘我这个人的独特性。我以前的一个想法是避免竞争，那避免竞争的最好办法，就是没得比。我不用能力很突出、才华很出众，只要一直保持腿力，一直往没有人的地方走就是了。

三明治　　这种写法很真实，但真实本身就是一个很特别的存在。比如早期我可能会用社交账号发一些大实话，但渐渐地，粉丝多了，我可能就不敢这样了；或者有人会攻击我，慢慢地就什么都不说了。当外部世界是这样的，我们该怎么进行真实的表达？

彭剑斌　　对，这也是我之前写作能做到"真实"的原因。我之前就像开了一个社交媒体的小号，没有人关注这个号，身边没人知道我在写作，所以我写出来的东西也不怕别人看到。现在不一样了，基本上身边的人都知道我在写小说，而且我还拥有了很多读者。我跟写作的朋友们交流之后，也发现这种写法并不符合文学的趋势。如果大家都在暴露自己，那这样写无可厚非。但是大家都很狡猾，都把自己藏起来，这时候我再去暴露自己就显得很傻。我认同你说的，每个人都是不一样的，只要敢于表达真实的自我，写出来的东西就是独特的。但很多人害怕这种独特，害怕异化，更渴望同化。他们觉得只要表现得跟大家一样，自己就是安全的。反正，我觉得真实不是一种错，一定不要太在意别人的评论了。

三明治　　我当时说读到故事里一个男主角的心理描写之后感到不适，你看到评论后是什么感觉？你怎么看待类似的差评？

彭剑斌　　我以前不愿意被人评判，不要说批评，连没有说到点子上的赞美我都不能接受。现在好多了，有些差评我也能接受。比如我之前的书有收到一个差评说："这个作者是个缺少性魅力的直男。"我就很认同这个评价。很多年来，我一直有这个苦恼，虽然没有直接去写，但可能我的写作隐隐约约地表达出了这个困惑——表达出了并且被读者看到，那它就是成功的，所以这个差评在我看来反而是一个好评。出这本书之前我就有心理准备，肯定会有女性批评声音。我自认为是一个直男，别人对我的评价也是这样，我其实不太了解女性到底在想什么，所以哪怕看到你那条评论后，我还是没猜出来你为什么觉得不适。《被爱摧垮》那个男主角的心理是，他刚刚经历了传销爆雷，梦想破灭了。他知道这个世界上没什么人爱他，觉得自己很失败，所以强烈地希望女主角爱他，处于一种自卑到极点的心理状态。但这也是特殊情况，不是所有男性都会这样想。

三明治 最后一篇《希望你健康并且不害怕》，是你过去一段真实的恋爱，把它收录进来的时候你是怎么考虑的？

彭剑斌 我是无意中看到那些信的。之前一直没去看，是觉得那段感情很失败。不知道为什么会分手，也不知道为什么相处得不愉快。这么多年过去了，我早就走出来了，再完全抽身出来去看这些文本，就觉得"天呐，简直是一个天然的书信体小说"，小说所需的一切里面都有，甚至连留白都有，它的情节是不连贯的，要靠读者自己去脑补。而且我第一次发现对方的信写得这么好，她是一个天生的写作者。出版这些信前，我先征得了我老婆的同意。我跟她讲我出版，是因为我认为它们有文学价值。她同意后还建议我去征得当事人的同意。所以我尝试往当年对方留下的邮箱里发了封邮件，过了一年才收到回复，她同意发表。说到这个书信体小说，我想象了很多读者的反应。假如它是真实的，那至少有一半不是我写的，读者会怎么想？假如它是虚构的，读者会不会觉得我这个人很自恋，虚构一个女读者跟自己谈一场恋爱，来表示对自己的崇拜？我想想都觉得很尴尬。

三明治　读者一直是你心里的一个影子？包括这本书里，自我调侃或者自我批评的话挺多的，说这个不知名的男作家、小彭……

彭剑斌　自从我写作的身份暴露之后，确实是这样子的。所以我很怀念以前没什么读者，像卧底一样写作的时候。现在我就得小心翼翼地，预设读者会怎么想。我其实还想了很多，比如道德观这些，但我发现把它们说出来以后，根本没有读者在意这些。我也不太喜欢我在书里的这种调侃，因为它还是暴露了我对这些东西的在意，暴露了自己还是想变得很正义的想法。我不喜欢一个艺术家、作家刻意表达正义的态度。我更看重关于人的真相、人在这个世界上到底是怎样的存在，而不是把这个人物描绘得多么生动形象，多么典型，他跟现实中某个人有多像，我不太在意这些现实主义评判标准，我在意的是人的存在是什么样子的。

三明治　那你怎么看待好评呢？因为还是有非常多的人，尤其是写作者，表示很认可你的写作。

彭剑斌　我也听说过一些人对我表示认可，但是没有办法确定他们是客气说一说，还是真的认可，所以我一般不会太当真。而且我现在对交流文学没有那么大的需求了，不像年轻的时候。交流也不能解决我写作的问题。这十几年来我也认识了很多写作的人，该交流的都交流完了。前几年我有个观点：不要干涉别人的写作，自己的写作也不要让别人干涉。比如说你看到一个写作者有问题，你的批评并不能帮助他。人最终还是要靠自己去解决自己的问题。

三明治　　现在你看书的频率和量有以前高吗？

彭剑斌　　我现在主要看小说，这两年阅读量比以前大。我现阶段会看一些比较抽象的小说。抽象就是很难把握，没办法提炼出一个故事梗概，就像抽象派画家的画，你看不出他画的是啥。比如奥地利作家罗伯特·穆齐尔，他写过《没有个性的人》，我最近在读他的《两个故事》，完全看不懂，但是很爱读，很享受这种看不懂的感觉；还有波兰作家贡布罗维奇的作品，这都是我最近在读的，主要是为了给自己的写作一个参考。我很不满意《寂静连绵的山脉》这本书的原因是它太具象了，写的都是现实生活中存在的现象。所以我就想写得抽象一点，抽象是我现阶段最高的一个文学追求。

三明治　　你会更喜欢现阶段自己这个状态吗？

彭剑斌　　比较起来，我肯定更喜欢青春那个时期的自己，而不是中年的自己。中年之后就是经济上宽松一点，看到什么东西想消费就消费，也不用像以前那样去犹豫，但是我还是更喜欢年轻时的自己，哪怕穷一点。

三明治　　大概什么时候开始，你不再为钱特别烦恼了？不再那么把它当回事了？

彭剑斌　　失业之后。失业本来是该发愁的，但那期间我不间断地接到兼职的活，而且还有空出去跑滴滴。挣了一万多块钱后，我突然发现挣钱没那么困难，而且很多问题可以迎刃而解，没有想象得那么严峻。我就开始有一种乐观的心态，觉得没必要为钱发愁。事实证明确实是，我这几年没有刻意想挣钱，但是好像机会接踵而来。我觉得首先不要排斥挣钱。因为我年轻的时候很怕挣钱会耽误写作，心理上不乐意为了挣钱牺牲时间和精力，跟钱有一种隔阂，钱也就不敢来，哈哈。当时觉得只要饿不死就行了，没主动想过要去改善自己的经济状况。而且我以前把挣钱想得太难了，因为我是农村出来的，我从小就有个观念，觉得钱真的很难挣，就对钱有一种畏惧感，觉得我得拼了老命才能得到这个东西。

三明治 万一面前有更大的诱惑，会不会就不这么想了？

彭剑斌 现在没有东西能对我构成诱惑。我也有钱了。以前有人问我，到底要有多少钱才算有钱，你才可以不工作、专门写作？我说大概50万。但是有50万的生活，也并不是我想要的生活。假设是，那才可怕，我就没有动力再去追求什么。我之前听过一句话："小心你所希望的东西，它真的会来。"王尔德也说过类似的，世界上最痛苦的两件事，一是想要的得不到，二是想要的得到了。想要的得到了，是另一种痛苦的开始。

三明治 可能因为大部分人还没有得到，所以并不相信自己得到了之后还是会一样痛苦。

彭剑斌 所以这就需要一种想象力啊。我也是在什么都没得到时候看到了这句话，我就能想象出得到之后的那种空虚、烦恼、痛苦。所以这句话还挺能安慰我的。我觉得追求想要的东西的时候，不要过于急切。真正有意义的，反而是追求的状态。就像我书里最后一篇《希望你健康并且不害怕》里，小宝问"我"有没有什么迷恋的东西，我说，我最迷恋现在这个身份，我可能还不是一个作家，也不是一个很好的打工人，也不是一个很好的儿子或者父亲。所有的身份还是综合而破碎的，但我很明亮，我还没有成为一个固定的什么，这个状态是很好的。

那时候我的希望还是希望，还没有实现，或者破灭。

一个人的本名是你父母命名的,当我可以为自己命名的时候,就是去定义我想要成为一个怎样的人,一个和别人期望中不一样的人。

沈大成:在朝不保夕的时候,写作会不会很虚无?

撰文
若冰

side A

上海作家沈大成已出版的图书《小行星掉在下午》里，有一篇描写瘟疫的短篇小说，题为《盒人小姐》。

故事的背景被设置在一座瘟疫肆虐的城市，每个人走在马路上都会被自动感应喷淋系统进行喷雾消毒，还可能随时被无处不在的针头扎入皮肤抽血化验。一旦有人被检验出感染了病毒，就会立刻被尖叫着"逮捕！逮捕！"的无人驾驶医疗车带走。这种境况之下，只有有钱人有资格与财力购买一种四四方方的盒子用于防护，走起路来支棱着八个尖角，叫作"盒人"。

这篇写于2018年的小说，与2020年的现实有一些重合之处，某小区甚至在入口搭建起喷洒消毒水的通道，和书中描绘的场景几近一致。许多人在社交媒体上跑来告诉沈大成，惊叹她竟然预言到了两年后的事情，甚至称她为"都市预言家"。

但沈大成并不觉得这值得高兴。一方面，病毒本身不是一件好事，有人生病甚至因此失去生命，谁愿意预见一场瘟疫成为当下的现实？另一方面，作为虚构小说作家，作品如果完全被现实赶上了，也许就该担心：是不是自己的小说过时了？

与非虚构写作不同，若幻想作品变成对现实的描摹，不是一件令人得意的事情。

但沈大成的小说常常有与现实重叠的可能。她的作品似乎在描写最接近日常的人和生活，但又总在某一个节点发生奇异的扭转。一名消失多时的动画片配音演员，突然变成了他所配音的角色——一条狗；在地铁最繁忙的站点，一位通勤的普通上班族成了"墨鱼人"，一张嘴说话就"噗噗"向外喷射墨汁；单身人士成了社会中的"次级人"，只能通过申请、面试，进入一个真正的家庭沉浸式旁观体验"正常"的婚姻和育儿生活。

同为上海作家的金宇澄评价："沈大成一直在摸索虚构的、包括非虚构的，那'一扇门'，是一组属于'奇怪境况'的思维特质、时代所赋予细节的密码，小说的趣味因此也常常转移，饱含了一种亲切感，同时也匪夷所思。"

2005年，28岁的沈大成接到一份兼职工作，为报纸《上海壹周》撰写专栏。

把这份差事介绍给沈大成的，是作家btr，那时他还是新浪BBS"摩登上海"版的版主，和常混迹于论坛的沈大成在网上相识。沈大成不时在论坛里发一些不太成熟的小故事，比如从前有一件毛衣喜欢一条裤子，但主人每天都换不同的上衣和裤子，毛衣等呀等，终于有一天等到和喜欢的裤子搭配在一起，毛衣很开心。

那一年，使用宽带上网的网民数量刚刚赶上拨号上网的网民数量，而《上海壹周》的发行量超过20万份，仍然是纸媒的黄金时代。成为专栏作家是一件体面的事。也是从那时起，沈大成开始在专栏上写文章，一两周一篇。

在那之前，沈大成没有想过，原来自己的作品也可以被发表，并得到报酬。

大学毕业前，沈大成的人生一直过得非常"安全"，用她自己的话说就是"随波逐流",循规蹈矩地一步步往前走。上学时按学校的要求写应试的八股文,她也没找到什么写作的乐趣。唯一和文学有关的,是曾是知青的父母爱阅读,常一捆捆地往家里搬单位图书馆不要的书,放在床底的抽屉里,堆在衣橱和天花板之间。沈大成想看什么书,父亲就踩着凳子到衣橱顶上去给她够。那个年代,人们打发时间的方式就是阅读,看书、杂志。

父母从不干涉沈大成读什么。她喜欢看中国武侠,记忆里看的第一本小说就是梁羽生的《云海玉弓缘》,再后来看外国的"武打书",比如《三个火枪手》《基督山恩仇录》,此外还有革命类型的《牛虻》《钢铁是怎样炼成的》、写知青生活的张贤亮的《绿化树》、左拉的《妇女乐园》……只要家里有,什么都读。

高考时,沈大成保守地填报志愿,进入上海大学经济管理学院管理工程系。毕业找工作时,她翻着报纸上一小格一小格的招聘广告,看哪些岗位没有排斥自己的要求,便打印一份简历,折三折,装到信封里,贴上邮票,投到邮筒里。那是1999年,还极少人有手机,人际的联系大多依赖一个叫"call机"的通信工具。一家广告公司打了沈大成的call机,她回复电话后去面试,成为嘉善路上一家本土广告公司的文案。

2000年,广告公司的业务和现在很不一样。那时大量外资企业进入中国,广告也呈现出欣欣向荣的面貌,电视广告开始出现越来越多的"创意",最常见的手机广告是一个男人在跳舞,大哥大在裤兜里闪闪发光。除电视外,在报纸、杂志上投放广告也是更多品牌的选择,在广告行业仍有"文案为王"的说法。一句slogan(口号)、报纸上一个"豆腐块"上的几行文字,都要经过反复推敲、不停修改,一个星期写来写去可能还是那一行字。

28岁生日那天早上，沈大成收到投递到家里信箱印着自己第一篇发表作品的报纸，上班去了。开始为《上海壹周》写专栏后，沈大成仍然在广告公司做文案。她没有辞职以写作为生的念头，千字三百元的稿费不足以维持温饱。在公司里沈大成叫Helen，老板会把她叫到办公室里指责某段广告文案写得不好，但也没有什么确切的理由，就是要改。

但她觉得自己拥有了一个"专栏作家"的秘密身份，在另一个平行世界里她叫沈大成，是得到专业编辑肯定的写作者。这在某种程度上帮她抵御着来自职场的自我怀疑。

沈大成是工科生，大学学了一些不难的物理、数学课程，对它们着迷，觉得它们是美的，自己的生活似乎也恪守着牛顿第一定律：在没有外力作用时，将一直保持原本的状态不变。到2010年时，沈大成已经在同一家广告公司工作了七八年，在这个人员流动性极大的地方成为少见的资深员工。

那几年经济不太景气，广告形态比起十年前入行时又不一样，文案已经不如设计、活动策划那么重要了。正巧那时《上海壹周》向她抛出橄榄枝，邀请她加入报社做编辑，她便跳了槽。

刚开始时沈大成的主要工作是编辑，负责娱乐版，后来兼做文化版，也做明星和文化人物的采访。但性格内向的她不擅长与人沟通。有一次她一个人去采访导演王晶，抛出的第一个问题是："人家说你是个烂片导演，你怎么看？"王晶的脸色似乎变了变。

娱乐圈的明星采访得多了，沈大成觉得他们很苦，都是普通人，只不过工作不一样，带着浓妆，穿一件很紧身的衣服而已。他们为了一个电影宣传今天从北京跑到上海，明天从上海跑到杭州，后天又跑去南京，一天可能接受10家采访，把一样的话和不同的人说一遍，还不能怠慢哪一家。沈大成新书里的第一篇小说,就写了一位隐居数年的电影明星,具备随时"演"成陌生人而不被发觉的演技。

不过从广告公司到媒体,沈大成突然觉得自己"解放"了,因为终于没人逼着她反复改稿了。

但在广告公司做文案沿袭下来的写作习惯,让她一直是一个动作很慢的写作者,一开始像写文案一样地写稿子。虽然不需要像广告公司那样加班到十一二点,但她有时会一点点写稿子到凌晨两三点,睡三个小时又爬起来写,写到十点打车去报社上班。而同事们写稿都是正常速度,因为感到羞耻,她一直没有告诉同事自己竟然要写这么久。

写工作稿件如此,写专栏文章时也一样。2013年,在《萌芽》做编辑的朋友邀请沈大成为这本面向青少年的杂志写短篇小说专栏。面向青少年的读物不好写太敏感的题材,于是她选定了"奇怪的人"这个方向,写一些也许就埋伏在身边,总之有些什么地方很特别的人。

后来这个专栏上的部分作品,集结成了沈大成的第一本短篇小说集《屡次想起的人》。2018年,沈大成也因为这部作品入选"宝珀·理想国文学奖"决选名单。

她的朋友,同为作家的俞冰夏这样评论这本书:"沈大成也像一些(至少虚构作品里的)日本人一样对作为形而上之存在的日常生活有严肃的敬畏感,愿意把自己坦然安放在其中一个不起眼甚至比视线最下方还低一点点的位置,认为这是观看周遭各式各样人类的最佳据点,带一点可怜,但是连自己一起可怜进去的(也就是说并不带任何优越感),带一点对他们之不争气与厌的遗憾,但也是连自己一起遗憾进去的(也就是说并非愤世嫉俗)。就是这样,沈大成才练成了她的小说语言里最重要的特点:精确、冷静、不争,好像一张填得简洁清楚、毫无破绽的表格；以及她的叙事方法当中最珍贵的品质：频繁换位与视角切换——这表格之所以以这样的方式呈现，不仅为他人着想了当，甚至帮他人也替自己着想过了。"

2015年，《上海壹周》关张，纸媒的黄金时代结束，沈大成加入上海文艺出版社的《小说界》，做文学编辑。

短篇小说专栏仍然在继续，每月一篇，每天差不多只能写500个字，接受自己就是写得慢的事实。

一般吃过晚饭后，沈大成会开始当天的写作，写完睡觉，第二天在30分钟左右的通勤路上用手机查看前一晚的写作，做些修改，或构思如何将今天的内容与前一天衔接。每个月沈大成会集中写20天左右，剩下的10天用来思考接下来的选题，或者娱乐。

"我从小是一个普通的小朋友，现在是一个普通的上班族，只是上班之余写点东西，运气挺好的，可以在报纸上、杂志上发表，结集成书。我不是特别特殊的人。"她这样说。

side
B

三明治　沈大成这个笔名和上海糕团品牌同名，这个名字也挺中性的，当时怎么想到起这个笔名？

沈大成　2000年在论坛上，大家都用类似"轻舞飞扬"一样的四字网名，当我开始要发表文章的时候，就想要用一个更像人的名字，觉得这种四个字的名字太有时代感，不会活很久。"沈大成"这个名字符合我的两点诉求：第一点是听上去像人，第二点是，我当时觉得网络应该有磨平差异的功能，男女差异、贫富差异、距离差异等等，所以我有点反感用一个女性化的名字，就想用沈大成这样一个中性的名字。我本以为未来会这样发展，人与人之间性别不再重要，虽然现在现实没有这样发展。一个人的本名是你父母命名的，当我可以为自己命名的时候，就是去定义我想要成为一个怎样的人，一个和别人期望中不一样的人。像星球大战中，机器人都是代号，是抽象的。但当一个人有一个可解释的名称，就更像一个人了。对自己有了赋名权。沈大成也是一个很有地域感的名字，很多外地人不知道这个名字。外地的朋友到上海来，看到南京东路糕团店的门店，就会拍给我，我陆陆续续收到很多人给我拍的照片，如果都收集起来就好了。这个笔名也在某种程度上帮助我社交，别人跟我聊天的时候，就会问起这个笔名，因为我本身不那么擅长社交。

三明治　你写了很多奇怪的人，或者是人在奇怪的情境下，和周边是有些格格不入的，你会觉得自己也是一个"奇怪的人"吗？

沈大成　我是一个奇怪的人，主要奇怪在，我是一个藏起来的人，不那么迫切地要和社会有一些主动的沟通交流。但写作真的很好。我和工作的关系就像人和吃饭的关系，不吃饭人会死的，但我和写作的关系就像人和运动的关系，不运动就不健康。写作对我来说是一种健全自我，使自己更健康的方式。

写作也让我变宽容了。我觉得大多数人都很可怜，生活在这个社会中有很多不得已的事情，很多事情都有缺陷。我以小说的眼光去努力看一个人，就一定能看出他可怜的地方，所以我会同情大多数人。以前我还会和别人在网上吵架，发表不同观点，现在觉得每个人都是可怜的。

三明治　但你对你的人物很好，即使哪方面有缺陷，但总是有一个不差的结局。

沈大成　我不会让这些可怜的人自伤到什么地步，总是想着能有下一步，能想出一个策略，让他们活下来。因为活着的可能性更大，死了以后事情就结束了。看到别人摘录的埃利亚斯·卡内蒂《人的疆域》里的话"死了，就连孤独也做不到了"，让一个人活着就可以让他做很多事情。

我写作不是为了反对现实生活中什么不好的事情，而是想这个事情如果和现实有一点偏差会怎么样。无论作者是否承认，其实中国有很多小说是诉苦型的，但我不想诉苦，我想写有意思的事情，希望别人看了觉得有趣。我也不想创造理想世界，而是说这个世界如果和现在的世界略有不同，那是否会发生Ａ事件、Ｂ事件、Ｃ事件，它们都符合这个略有不同的世界的生存逻辑。

三明治 在写作的时候，会有一个决定性的瞬间，或者找到你很想表达的一句话，才能继续写下去吗？

沈大成 有两点会让我坚持写，一个是我写了一个有可能性的开头，凭着对自己的信任，我觉得这个开头能让我写下去。另一个是我对这个东西有一个核心想法，就可以继续写。以前问过一个朋友，你为什么要喝酒？他说喝酒喝到一个点上，就很开心。写作也是，每一篇都会写到一个我觉得很值得的地方。我知道我要表现什么，但要写到一个地步有时才会出现。就算晚一点出现也不要紧，还是有机会把前面调整成你要的东西。全想好再写，不适合我。我就是边写边想。有点像两种合金熔合时候相互扩散，你跑到我里面，我跑到你里面，每一天的衔接点都会彼此融合。

三明治 在小说中你会用身边的朋友做原型吗？

沈大成 我不想用身边的朋友做原型，我知道有一些人会把朋友写到小说里，但我觉得不太好，会有一种利用了别人的感觉。我忧患意识很强，有时会觉得我们现在挺好的，如果我把你写到小说中去，皆大欢喜，万一我们有一天不好了，友情破碎，但故事已经凝固住了，人物已经被固定在水泥里，抠不出来了。我不喜欢这种负担感。

三明治 你一般是在什么样的环境下写的呢？写作时有没有什么特别的习惯，或者需要营造写作的仪式感？

沈大成 就是在家的一张桌子，摆电脑。如果我要外出，比如出去旅游十几天，我也会在旅途中写。在日本新干线上写过，飞机上也写过，不是最理想的，但退而求其次也是能往前。我建议写作最好不要仪式感，这种东西都是耽误人的，写作就是一种日常的事情。最好安静一点。有的时候觉得自己太糟糕了，一直在玩，还没开始写，会把路由器关掉，但其实关不关都一样，手机还能上网呢。我一直管不住自己，写作期间还是会玩玩，看东看西。

三明治 很多人对作家可能有一种刻板印象，觉得作家就应该专门以写作为生，做其他工作是一种不得不为之的勉强，如果条件成熟就"除写作，无其他"，对你来说，希望写作在你的生活占据什么样的位置？你怎么看待写作之外的工作生活，会觉得是一种负累吗？

沈大成 我做不了专职作家，没有专职作家的性情，也养不活自己。但我很庆幸，有一个地方每个月在固定的日子等着你交稿，有人来约束你，和你进行一种互动，别人给了我这种时间表，帮助我去完成事情。而且我按月完成计划中的事情，也会调高对自己的信任，我觉得自己就算是一个不成功的人，还是一个有可取之处的人，我的小说虽然不完美，但也是可取之处的。工作对我来说很重要，有人际圈、社交圈，能和人交流，如果不工作了不能和人交流，对我来说是损害。我需要的就是和人正常地交际，还有情感上的互动，这种都是工作可以带给我的。工作对写作也是有好处的，否则我一个人在家里只能闭门造车。我需要跑到一个地方，这个地方有同事，可以给你制造一些工作压力。如果你在这个地方遭受一些不快，其实对作者来说都是好的，你会有情感触动、困难、开心。我看到一个人评论我的作品说"看得出作者实在太恨工作了"，其实不是这样的，是因为工作对我来说是极其熟悉的东西，我需要它，我才一直把它写到小说中去。

三明治 有的作家会比较在意文学界给自己的肯定或者外界的名声，你一开始有期待自己的作品会变成书，被更多人看见吗？

沈大成 这些东西强求不来。如果自然来的东西你就不欠，强求来的东西，你就欠你强求来的对象，迟早要还给他。我是个小人物，是不成功的人。成功不是赚钱，我觉得成功是不以劣等的手段去做事，而改变了世界，让世界成为你期待中的世界。现在这个世界和我 2000 年刚刚上班时预料的很不一样，有很多我不认可的事情，我觉得自己也主导不了世界的发展方向，所以我就会觉得这是不成功的。我认为我们这代人都是不成功的，因为我们没有创造一个自己期待中的世界，就是不成功的世界，大家都是苟且的人。我一开始并不特别期待出书。我觉得专栏作家没有什么问题，没有什么向往。但确实欲望会水涨船高，出了一本书会想出第二本书，不过我总体不是一个很有欲望的人。出了第一本书之后，心里有计划出第二本书。但计划都是滞后的，对我来说最重要的事情便

三明治	在阅读上，有哪些作家和作品是你特别喜欢，或者受到比较大影响的？
沈大成	以前看《战争与和平》的时候，当时就想，这个人为什么可以用这么大的篇幅来详详细细地写一个事情，这是我们写短篇的人做不到的。我就会想，我能在什么地方能尽我的笔墨去详尽地写一个东西。还有一本书叫《人生拼图版》，比如写桌上放一个盘子，作者就一定要把这个盘子上的花样都写下来，这个盘子上的人像是来自什么宗教故事的，就把这个故事写出来，一针一脚。他的写法就好像有个镜头，这个镜头可以把拍到的东西像素无限放大，清清楚楚地呈现一个东西。我就想说，我也可以试一下把细节写到那么逼真。 我还蛮喜欢在海上发生的故事，像《白鲸》这种，因为我认为一个作家把一个故事设置在海上，他就没有退路，整个故事漂浮在一个无处可去的地方，海又有一个很大的力量。 这些影响不是说我要写和它呼应的东西或致敬的东西，而是从写作观念上，我会觉得受教了。我未必现在能写出来，但是这个东西在我心里留住了。
三明治	新书《小行星掉在下午》里有多大的比例是过往发表过的作品？这一本与上一本相比，有什么不同？
沈大成	全部都是发表过的小说。最初写小说时，并没有成书打算，都是以专栏格式写的，只要和别的专栏不同就可以。所以一

上文：是每个月按时写出这一篇来。我不是一个主动的人，但如果有一个出版社的编辑来问我要不要出书，我就会说可以。

开始我的专栏小说都是围绕一个概念发展出来的，比如世界上每个东西都是可以折叠的，那我会在这篇文章把折叠这个概念用不同的方式去展开、陈述。所以要做第一本书的时候修改了很多，几乎是把每个故事核心抽出来扩充，让它变得更有小说感。

后来我有计划出第二本小说，就有意识地把概念收起来，把奇特性融在故事里面，不容易和别人撞。我写每一篇都会思考，这篇和上一篇有什么不同，或者这段时间的写作有什么共性，隐隐约约觉得这些东西以后要合在一起，这些思路都会影响我一边写一边整理。出第二本书的时候，每一篇都改了一点，但没有第一本改得那么多。

我觉得一个每天写很多的人，一定很自信，不需要别人帮助，但我是一个需要帮助的人，这个"别人"其实就是第二天的我自己。所以我每天只能写一点点，第二天休息过，吃过新的东西了，又变成一个新的人，看前一天的东西，就能给她更多的帮助。我会把故事打印出来看一下，看每部分写了多少面积，就会注意到哪部分弱、哪部分强，就把不够的面积撑大。就像拍电影的时候，觉得这个高潮的地方时间过短了，就需要再剪几个镜头进去。还有就是要改得让每一篇有一点不同。因为人是有局限的，当我发现这篇中耍过的手段在另一篇也耍过时，就要去掉或者换一个。

三明治 专栏写了那么长时间，一直都处于一个有交稿时间的状态，会有时想要休息一下吗？会觉得不自由吗？

沈大成 交稿当天可开心了！会不自由，但这是你自己找的不自由，你认可的不自由，这个不自由还是给我很多东西，让我觉得自己是有价值的。如果我按月完成，我对自己的评价也会调高，这种不自由是好的、正面的东西。唯一不自由就是时间上的，我希望以后能够每天写 2—4 个小时，不要无止境地拖延，不影响娱乐时间和睡觉时间。

三明治 2020 年你的写作状态有受到影响吗？

沈大成 还是蛮受影响的，并不是时间变少了，时间一天还是 24 小时，而是意志力变少了。以前我很确定写作这个事情对我很重要，但现在我会重新想一想，在大家朝不保夕的时候，写作会不会很虚无？会稍微有点这样的想法。

以前把交稿时间控制得更严格，后来稍微有一点点放松了，但是我一直觉得我是能够纠正过来的。虽然我不看心灵鸡汤，但最近又忍不住想，如果现在有一个让我信服的导师型人物，告诉我一些至理名言就好了，我还是期待有一句话或者一段话能够打动我，以一个形式方针指引我。

三明治 这个形式方针指的是，比如"这个世界会变好"之类的吗？

沈大成 不是的，世界肯定是在变动的，它变好变坏都是可能的。我的祖父母经历过战争，父母经历过政治动荡的时期，我很早就知道，我这一代如果什么都不经历，不是好事情，这不合理，我从小就知道的。我想知道的是在变化中，怎么激励自己。世界上一定已经有这句话，但是等着我去发现。

三明治 如果你生活在自己构造的世界里面，你觉得自己会是一个什么样的人？

沈大成　我希望在暗中做一个好的事情。黑泽明《七武士》里面的久藏我很喜欢，他不是一个最重要的武士，中途就死了。但我喜欢这种不出声的人，用自己的道义去完成某件事情。我如果在我的武侠世界中，应该不是个主角，是按自己的道德去行事的，但只是一笔写过的人。

其实我有点喜欢写领导者，比如在《星际迷航中的另一件小事》中写了一个舰长，虽然他最后没有得到星球上公民的肯定，大家认为他只是个退役的老头子，实际上他是我心中的成功者，带领那艘舰的人平安抵达。还有一个主人公为新世界发明一些新的词条，重新定义"事物的起源"，我也认为他是一个枭雄。虽然不能肯定说他做的事情是极端正确的，但是他在我心中有一种成功的概念在里面。

我不是那种道德感非常洁白的人，我认为正义和道德不是很相像。比如那种美国的超级英雄，他们其实有时使的手段也是不道德的，但是他们的目的是正义的。有时我会觉得目的道德是更大的道德，这也是我向往的。

三明治　下一本小说有在计划中吗？

沈大成　《萌芽》是我的"写作银行"，我按月把小说存在里面，到期了就把它拿出来，我和这个"银行"之间有一个很好的关系。我会把每个月写的关键词做在 Excel 表里，帮助我一目了然地看到，近期不要写到重复的东西。因为我记性很不好。人的思路很容易固化，我很怕现在写的一篇和最近写的元素又相仿。第三本书可能选的是最近写的内容，不会像第一本书那样有很大的改动。

三明治　会把专栏写作一直持续下去吗?

沈大成　我希望是可以持续一辈子。我也想过,如果年纪大了,精力弱了,我还可以做绘本的创作,写简单的故事,找一个合拍的画家,把创作一直延续下去。

作为非虚构写作者,是不应该总是一个人待着的,除非你就是要写孤绝的体验,不然会缺乏和世界的联结。

杨潇:写字的人一定要靠写作养活自己吗?

撰文
李依蔓

side
A

2011年11月,杨潇代表《南方人物周刊》和同事一起飞抵缅甸仰光,计划采访昂山素季。那时缅甸的政治刚开始"解冻",杨潇和同事拿着旅游签证入关,身份分别是"语文老师"和"设计师"。

他们并不确定,那一趟出行是否能获得专访昂山素季的机会,出发前,他们只得到进入昂山素季将出席的一场缅甸全国民主联盟新闻发布会的邀请。因此杨潇还给自己找了别的事,比如为周刊旗下一本旅行杂志《穿越Across》至少带回一篇封面报道,或为新闻板块写一篇缅甸民主变革之类主题的文章,这一趟也不算白来。

接到昂山素季愿意接受专访的电话时,杨潇和同事在距离仰光近六百公里的缅甸第二大城市曼德勒,刚爬完著名景点曼德勒山,站在有两百多年历史的曼德勒古城皇宫门口,那是完成旅行稿件行程的一部分。

"夫人愿意接受你们的专访,请问你们哪天方便呢?"电话那头的人自称是昂山素季的 close friend。

这通电话杨潇从抵达缅甸起,等了超过十天。他到仰光的第一件事就是买手机和当地电话卡,每天给民盟的邮箱(这个邮箱地址昂山素季后来公布在了Twitter上)写专访请求的邮件,底部留下自己的新电话,几乎一天一封,从未获得回复。邮件写到第八九天时,杨潇在新闻上看到昂山素季接受了 BBC 记者的采访，有点生气，在邮件里表达了对昂山素季接受西方记者采访却不接受亚洲邻国记者采访的不满。他不知道昂山素季突然愿意接受专访，是否与这封"抱怨"的邮件有关。

挂了电话，杨潇和同事立刻调整行程飞回仰光，成为昂山素季恢复自由后最早进行专访的国内媒体之一。

采访当天，杨潇见到了给他打电话自称昂山素季密友的人，叫 Htin Kyaw。再度看到 Htin Kyaw 的消息是 2016 年，中文译名为吴廷觉的 Htin Kyaw 当选缅甸第二任总统，杨潇后悔五年前结束采访时没有坚持要他的个人邮箱，而当年他联系杨潇的电话再也无人接听。

在和昂山素季对谈时，紧张得用"Thank you"回应这位著名缅甸政治家"How—do—you—do"问好的杨潇见证了缅甸政治进程重要变化的一环——当年年底，昂山素季所领导的全国民主联盟重新注册为缅甸合法政党，她也于第二年四月的议会补选中顺利当选议员，杨潇前往的那场新闻发布会是后来这一切的开始。

采访结束后的几年里，杨潇仍然不时会想起当年那篇人物特稿的结尾，昂山素季说："谈论道德、对与错、爱与慈悲这些东西，如今被认为是过时的行为，不是吗？但说到底，这个世界是圆的，也许什么时候好多事情要重新来过，也许到那时，我就又走在时代前面了。"

在这个全速前进的世界，追求"新奇"和抛弃"过时"的正义合理性是可疑的。

杨潇在 2015 年回顾这篇文章的评论里写道："我觉得许多事情都缺乏检视和辩论，也许我们该想想：对我们来说，究竟有什么，是真正重要的呢？"

自"飞地"的厂矿子弟

一些真正重要的东西也许不在主流视野,而在一些特别的地方,比如说,飞地。

Enclave,飞地,意指地理上处于某片领土内,但在主权、民族或文化上另有归属的一个区域,一个被包围的孤立地区。比方在意大利国土内的梵蒂冈、圣马力诺共和国,比方军队、大院,甚至眷村。还有二十世纪五六十年代随着中国核工业发展和支援"三线建设"运动兴起,在内陆平地而起的"厂矿单位"。

它们有的是地图上无法被搜寻和定位的"404"地标,政治上通过严格"出身"审查的专家和技术骨干从省内、省外被抽调而来,共同组成一个完整的工业和生活社区,有工作单位,有学校,有医院,有球场,像一座自成一体的孤岛。

杨潇出生和长大的地方,就是这样一块"飞地",1958年建于湖南衡阳南郊的一片坟山坡子附近,当年叫"新华材料厂",外人不能随便出入。杨潇的外公一辈从湖南中部[①]搬进厂矿,他的邻居来自湖北、上海、东北、北京。很久以后杨潇才知道,在他出生前二十年,中国第一颗原子弹成功爆炸,所用的铀矿原料正是从全国各地被送到他们厂,加工成半成品后再运往其他地方。

杨潇在湖南这座飞地孤岛上度过了18岁以前的时光。他这样描述自己的"家乡":

---

① 不只是新化一地,统一改成中部了。

"就像一个个岛屿一般——它既是语言学意义上的方言岛,也是文化意义上的孤岛。我们几乎不说(也不太会说)当地方言,而是讲一种很少卷舌的普通话,北京来的子弟给它添加了少许副词和形容词,比如意为非常的'巨'和形容很棒的'盖',东北来的子弟则让'贼'理所当然地成为我们语言的一部分。"

杨潇想家的次数不多。印象中唯一一次想家,是中考考入衡阳市区高中后第一次离开家住校,那也是他第一次想念那个能在生活区边缘的铁路边或废弃的打靶场捡弹壳,会因为不讲本地方言讲普通话莫名有小优越感的厂矿大院。

高中毕业后,杨潇北上至天津南开大学,毕业后去往北京进入媒体行业,从新华社到《南方人物周刊》再到《时尚先生 Esquire》,采访昂山素季、石原慎太郎、桑德尔……远远离开了那个难以称之为家乡的"家乡"。

但我们依然能在一些痕迹里,捕捉到这段特别生命起点对他的影响,比如飞地"enclave"这个单词至今仍然是杨潇社交媒体 ID 中的标记之一。

2016 年底,杨潇在腾讯《大家》专栏里,发表了一篇名为《我是厂矿子弟,我们灯光球场见》的文章,发起"厂矿叙事计划"。这是一个关于厂矿故事的邀约,杨潇想收集和他一样来自厂矿的故事,方式是带着妈妈一起出发,她会友,他记录。

这个项目和它的标题一样有着浪漫的底色。"在厂矿单位,灯光球场曾经是重要讲故事和听故事的场所,人们在这里消磨漫长的夜晚,交换商品和流言,感叹时光的易逝。"

尽管这个计划,后来只更新了两篇。

当记者能到处跑？太酷了

2014年杨潇身上发生了两件事：出版个人非虚构作品集《子弟》，离开供职七年的《南方人物周刊》。在进入《南方人物周刊》之前，杨潇数次可能与记者轨迹彻底擦肩而过。

高考时他的第一志愿是南开大学国经贸，是当年大家都觉得最好的专业，第二志愿才是中文，因为自己还是喜欢写东西。后来他才知道，自己仅和第一志愿相差几分，如果当年没有调剂到中文系，也许现在自己就是一名银行职员。

大学时杨潇做校报记者，大一就开始供稿但各种刊不上，于是杨潇琢磨投中率高稿件的思路，发现比较受欢迎的是类似于标题叫"南开校风赞"，说南开校区主楼里每到夜晚就灯火通明的内容。他不会写这样的东西，总想着怎么用开头吸引人，每周都会买当时的《21世纪环球报道》，但同学们好像不太关心这些。

本科毕业，杨潇最想去南方报业做记者，投了南方报业和新华社，同时也在准备复旦新闻的研究生考试。他对记者这个职业的兴趣最早来自小时候的《正大综艺》节目，里面有个来自台湾的外景主持人李秀媛，全世界到处跑。当记者能到处跑？太酷了。

意外的是，最想去的南方报业连面试机会都没给，杨潇考进了新华社，也获得了研究生面试资格。在工作和读研之间，杨潇选择了前者，但保险起见，他没有填报新华社里热门的国际部记者岗位，选择被分配到负责"来料加工"的新华每日电讯。

从2004年毕业到2008年，杨潇一直在记者的边缘游走打转。

在新华社的工作大多是夜班，晚上六点上到凌晨两点，因此上一周歇一周。休息的那一周，杨潇就去新浪网球做了一段时间兼职编辑，同时还写各种时评文章，四处投稿。那时的舆论氛围天真而热烈，大家都觉得一人一言能够改变中国，就像横空出世的超女比赛，民众第一次发现自己的投票竟然能够决定一位歌手的命运。

2006 年，杨潇换了一份记者的兼职，给《芝加哥论坛报》新上任的驻北京记者欧逸文当助理。一年后，他看到《南方人物周刊》招聘，又投了简历，被约了面试。

为《南方人物周刊》写的第一篇稿子，也是面试的一部分，当时的副主编万静波让杨潇去采访时任中央编译局副局长俞可平。俞可平没采访到，但杨潇把能够找到的同事、导师都进行了采访，直到交稿的最后一刻还在采访，最后写不进正文的材料再写成了一篇小专栏。写到第三篇时，编辑部给杨潇打来电话说，欢迎你加盟。

2008 年，杨潇正式离开新华社，真正成了一名"可以到处跑、很酷"的记者。

在《南方人物周刊》的七年里，杨潇印象最深的还是汶川地震的稿子，短时间内采访了上百人，采到最后明显觉得自己笔力不逮，当时的文字功力和对结构的理解无法承载那么沉重的题材。"回头再看，以当时采访的深度，还是可以写得更好。"

除此之外，杨潇的大部分作品收录于他的个人作品集《子弟》中，从汶川写到玉树，从杨永信网戒中心的 86 条规定写到被迫停服的十万草根 BBS 站长的冬天，从北京数万蚁族聚居的唐家岭写到当代的中国青年。

闯进"时尚圈"的哈佛尼曼学者

2013年,杨潇通过申请,成了2013—2014年度哈佛尼曼学者,前往哈佛进修一年。这是一个由哈佛大学创立的培养新闻精英的教育计划,每年有12个名额留给来自美国之外其他地区的申请者。除了杨潇,曾获得哈佛尼曼学者身份的中国大陆记者还有胡舒立、闾丘露薇、陈菊红、安替等。

离开热点频发的喧嚣媒体环境,杨潇想回到校园写一些更慢、更长的报道。当时他申请了一个公众号,打算把在哈佛学习的生活持续记录下来,不过犹豫了一下并没有更新。杨潇觉得那一年过得特别快,快到来不及做完整记录的周密计划,只做了些随笔日记,零碎地留下文字片段。

在国际新闻圈里,哈佛尼曼学者的学习机会,也像是一个"飞地"般的存在。

毕业时,每个人都意犹未尽,甚至有恐慌的心态,因为几乎每个人都发展出自己对新闻的新想法,突然发现又要回到真实世界去了。若干年后杨潇和当年的同学相聚,越发觉得那一年在波士顿剑桥小镇的生活像在真空里的理想之地,回到现实中,能实现的事情太少了。

哈佛的经历给杨潇带来的改变,还在于他对自己身份认同的转变:不一定只能做一个纯粹的写字的人,关于工作和生活的可能性,可以抱持更开放的心态。

因此2014年回国后,杨潇先回到了《南方人物周刊》,不久后接受李海鹏邀请,到《时尚先生Esquire》担任副主编,从一个纯粹的人物记者进入一家时尚媒体,成为管理者。"如果没有哈佛这段经历,我也许根本不会考虑去。"杨潇说。

在时尚媒体里做特稿报道,杨潇需要适应的变化远远不止工作环境的转变。

刚开始时杨潇铆着一股劲,想做得不一样,"希望用专业性给明星圈、公关圈一个冲击"。他们策划了《时尚先生 Esquire》2015年的巨匠专题,用四个月的时间完成七个国家、十二位大师的专访。

但他也花了很长时间接受许多新世界里不一样的规则,比如在时尚杂志里,好照片永远比好文字重要,他不得不和拍摄同事争取被采访明星更长、更完整的采访时间,为了版面好看,接受 8000 字的文章可以删到 2000 字。如果这发生在一家更重视文字的媒体里,文字记者可能就要和你拼掉半条命了。

2016 年 7 月,杨潇辞去《时尚先生 Esquire》的工作,给自己放了大半年的假。

休息时,杨潇想过把哈佛尼曼学者的经历写成书,但由于素材零散,虽然后来试着找同学要他们的笔记和当时的练习、习作来回忆,但最后发现还是无法串联撑起成长文或主题书的架构。没法把这段特别的经历做系统的整理记录,这让杨潇觉得很是可惜。

2017 年上半年,杨潇作为合伙人加入了《南方人物周刊》老同事易立竞的团队,负责《易时间》这档人物深度访谈视频节目的选题和内容。从时尚媒体到视频产品,看起来杨潇似乎离写作者的身份更远了。

但他自己并不这么认为。

side B

做视频产品，同时保留"独立写作者"的身份认同

三明治　现在视频领域本身非常红海，而且也是娱乐化和碎片化的高发地，你们在做的《易时间》有什么特别的吗？

杨潇　我们很确信深度访谈的价值，因为其实市面上真正属于记者型主持人的专业视频深度访谈是很少的，许知远的《十三邀》更多是以知识分子的身份去和其他人发生碰撞。其他的访谈当然不少，但我们倾向于把它们看作聊天或者谈话节目，主要功能不是去探究人性或者揭示某种公共价值，依照这个标准，我们其实更接近当年的《看见》，当然，我们会试图做得更极致。

三明治　你会不会觉得，今天的老百姓还需要记者的身份去采访其他人吗？因为他们对记者这个身份的不见得那么认同，可能觉得一个娱乐主持人更有人格魅力。

杨潇　看你从哪个角度看。一方面记者这个身份早就不再自带光环，而且记者提问受专业主义框架限定，在现在这么"重口味"的时代，天然吃亏。但从另外的角度看，记者也有他／她的

优势，好的记者经验丰富，受过良好提问／回应／追问训练，对人性有独到理解，如果方法路径得当，能问出别人问不出的东西。到最后就是看结果，看你能从访谈对象那里拿到多少东西。

比如我们第二季采访王珮瑜，除了前期的各种跟拍，随时切入采访，光坐下来的专访就超过了六个小时，从中午聊到天黑，王珮瑜"打开"的程度非常之高，到最后她都意犹未尽，那次就把这个人的许多面向展现得非常非常好，那时候你会觉得真的挺有成就感的，能把一个人聊得这么透。易立竞是一个非常好的采访者，而且整个团队一块来准备，一块来讨论，那种可探究的宽度和深度一定是不断增加的。如果你认可这种本事的稀缺性，那么这个事情一定是有价值的。我们的节目顺利拿到了冠名，也是一个佐证。

三明治　你们会愿意给自己打上一个标签，说我们是一个记者视角的东西吗？

杨　潇　会，我们的一个核心理念是"不盲从、不迎合、不回避、不轻薄"，而且会强调易立竞的记者身份，这也是她自己最强烈的身份认同。她其实没有那么喜欢"主持人"的身份，也不会对着镜头表演，我们每次试图表演，结果都是悲剧的，所以她必须是真正的记者的、真实的状态。

三明治　目前你在视频节目的流程里，主要负责什么？

杨　潇　内容这一块儿会和易立竞一起从头到尾把关，从采访一直到后期完成。易立竞采访能力非常强，她对人物乃至向内的世界很敏感，我对结构、知识、观念，总之是外部的世界很敏感，能给节目带来更宽视野，所以我们也是蛮好的互补。我们做文字出身，强项在于对人、对世界的理解，以及文本和结构，弱项是影像能力。因为第二季增加了非常多纪实的部分，在一定程度上得按照纪录片的要求去理顺脚本的结构，这个与特稿是有很多相通之处的。当然了，写特稿的时候你完成结构的搭建，还得吭哧吭哧一个字一个字写下来，而在这边，在编导工作的基础上理顺结构，接下来就是后期剪辑要做的了。

三明治　当文字要照顾影像化，这个冲突大吗？

杨　潇　非常明显的一点，对影像来说，没有拍到就是不存在的。如果站在两个"我"的角度来看，"文字的我"经常会觉得是特别大的浪费，会觉得非常可惜，但"影像的我"完全理解这个过程，但"文字的我"还会琢磨，"不看到就不存在"的思维方式久而久之对记录有什么样的影响，就觉得这个观察挺有意思的。

三明治　从文字到影像，会有点隔了一层、不完全有把握的感觉。

杨　潇　对，而且文字中会有交错的过程，比如说你在文字中埋着一个"梗"，后文可以有交互回环，但你在影像中就不一定能实现得非常好。单看影像的文字是超级无聊的，但有可能你的画面很好。现在最需要是对影像的把握能力很强的编导来和我们一块儿工作。

三明治　　做视频对你写作者的身份有冲击吗？

杨　潇　　在做这件事情的同时，我保留自己一个独立写作者的身份认同，我有自己的写作计划，写作的野心、愿望不会放在这个项目里，不然要错位的。所以我觉得对我很强的一个写作者身份，是没有什么冲击的地方。

我离开《时尚先生 Esquire》的时候，越来越看清一点，就是我不应该也不需要靠写作来养活我自己。做视频的一部分原因，是要和我的写作切割开来。做视频是我日常工作状态，会给我带来社会的交流界面，作为非虚构写作者，是不应该总是一个人待着的，除非你就是要写孤绝的体验，不然会缺乏和世界的联结。这个事情其实我和许知远也聊过，他觉得做《十三邀》吸引他的一点，是那些采访嘉宾，有些虽然是朋友，但也很难正儿八经聊上几个小时，但有了这个节目，这种对谈就是名正言顺的了。

三明治　　三明治最早的人物故事也是采访朋友，因为以采访的契机聊天名正言顺，还听到了故事和观点。

杨　潇　　对啊，不然的话，莫名其妙约一个人也挺奇怪的。所以做视频一方面可以带来交流界面，另一方面，这是我的生计，也是一个工作。人是需要工作的推动，不然的话一个人待着，需要很强的自控能力。我是一个极其自律的人，哪怕这样，我也不能什么都不做。而且，我会拿这个来刺激我的自由选择，或者说是供养我的自由选择，怎么说都可以，因为我们现在是按季来走的，我做完这一季就有两三个月的休息时间，然后我就会有自己的写作计划，同时，现在我在做的时候，我有时间还在写自己的东西。

我对观念和世界的兴趣，远远超过对故事的兴趣

三明治　你曾经发起关于厂矿子弟的写作项目，后来怎么样了？

杨　潇　当时在腾讯《大家》发了推送，其实有很多人写信来的，其中一两个人还聊过、建立过联系。但这一块没有想好怎么写，因为厂矿子弟太多了，理论上可以写到无穷大。后来我觉得，可能还是有点近乡情怯的东西在里面。当时设想带着我妈去拜访她的老同学之类的，但一方面我觉得在心理上没做好这样的准备，包括和我妈关系的重新梳理，这些东西没做好，就觉得不是特别顺。所以原来当时设想在《大家》弄一个专栏一起来写，后来也没有再写，一系列的东西没有再往下推进。

三明治　厂矿子弟这个题材如果写出来，可能不逊于蔡崇达的《皮囊》，有没有想过如果推进下去会也成为一部畅销作品，受到大众的欢迎？

杨　潇　这个倒还没有，我对这个题材的认知一直就是在比较小的范围，当初写的《子弟》那篇后来在网上被转得比较广，我看底下的评论，都还是有这个经历的人才会格外认可，这是小众或相对小众的，倒没有产生过关于被大众广泛认可的幻想。我自己的兴趣从来也都不是大众的，包括我对故事其实也没有执念，没有超过正常范围之外的兴趣。我对观念和对世界的兴趣，远远超过对故事和对人的兴趣，这个东西就决定了，我不期待成为面向大众的写作者。

三明治 对观念和对世界的兴趣已经超过对故事的兴趣，这是怎么说？

杨　潇 我们以前在《时尚先生 Esquire》做特稿，经常会强调一个"强故事"的观念，可以简单理解为戏剧的、剧烈的故事，人性本身对强故事是没有免疫力的，所以如果特稿选题对接强故事，是相对容易事半功倍的，否则你就得写得非常好非常好，这条路也未尝不可，但总归有点事倍功半。但我本人对故事，其实没有特别超出普通范围之外的兴趣。我对观念感兴趣是，比如说我 12 月份刚刚完成了一篇写俄国"十月革命"100 周年的稿子，我其实 6 月份就去了俄罗斯采访，因为太忙了，拖稿拖过了"十月革命"百年这个日子。但好在我不直接写的"十月革命"百年，我写的更多的是当时在那边采访到的人。我聊得最深入的三个俄罗斯或者说苏联知识分子，恰好是左、中、右三派，他们都是 20 世纪 50 年代生人，苏联特别有标志性意义的一代（《二手时间》里管他们叫"1"）。我特别好奇他们年轻的时候，是如何一点点形成自己左、中、右三个源流的政治观念，然后发展到他们现在在知识界的地位，这就需要往前追溯到 1968 年发生了什么，甚至更早之前，往后则从勃列日涅夫、戈尔巴乔夫、叶利钦直到普京时代的一系列梳理。我还特别感兴趣的是，在晚期苏联的时候，他们是不是知道自己身处晚期？有没有意识？有没有预感？晚期那种小圈子的文化又是什么样的？我对这些东西特别感兴趣。从某种程度上看，这些也是故事，但它们首先是观念引领的。

三明治　但是这对你写故事会有影响吗？因为逻辑性大于画面感，还是说你其实不完全追求写故事写得特别好。

杨　潇　我没有追求写故事写得特别特别好。故事对我来说更多还是一个工具性的东西，而不是本体。我熟悉叙事的技巧，也知道怎么呈现一个故事，但拓展新知、理解力和想象力的边界是我更感兴趣的。

三明治　对宏大的东西、背后逻辑的东西更感兴趣，有想过是受到什么的影响吗？

杨　潇　我可能受《纽约书评》之类知识分子刊物影响比较大。去美国之前有短暂参与《东方历史评论》，作为客座编辑或者兼职编辑，参与过他们那段时间的编辑讨论，从世界范围搜罗好的写作者，对探索观念的演变和形成这些东西会比较感兴趣。

　　　　刚毕业那几年，大概2003年开始一直到2008年之前，国内出了非常多人文类的好书，包括许多知识分子的传记、口述或者回忆录，那段时间的阅读对我影响也挺大的。

三明治　包括新中国成立前后知识分子命运选择这一类的。

杨　潇　那段时间这样的东西非常非常多。在新华社你也知道，还挺多休闲时间的，新华社当时的副主编，我到现在还挺感谢他的，他会带着我们读好的东西，我们会交流这些，那段时间的经历给我的影响蛮大的。

三明治　但如果在日益娱乐化和浅薄化的时代里，这些东西……

杨　潇　　完全不受欢迎。

三明治　　会有孤独感吗。

杨　潇　　会。其实在《时尚先生Esquire》的时候，最让我有满足感的是"大师专题"。我最满足的不只是约访到了这些大师，也是真正可以敞开来和他们探讨一些问题，比如采访桑德尔等等，探讨这些东西我是特别感兴趣的，而且你可以不计篇幅地把它展现出来。

但也就是那一次。因为你要形成声势，才能在市场上获得存在的价值。能约到十二个大师，为每个人的专访拍了很好的照片，每个人都是 cover people[①]。会觉得一方面挺高兴，挺有成就感，但另外一方面你也觉得挺可悲的，这个"大师系列"之所以存在，是因为它更多是杂志要"自我呈现"。这个时候你会有所谓工具价值和内在价值的错位感，媒体喜欢这个事，真的是因为这些人有内在价值吗？还是因为把这些人摆上封面显得我们很酷很牛？当然，这是有点苛求了，而且两种价值也未必不能兼容。更多媒体连把他们摆上封面的眼界和魄力都没有。

接受了"变化"这件事，就会很有安全感

三明治　　我记得你曾经说为了写稿一星期没出门，你是喜欢这种写作状态的吗？

---

① 封面人物。

杨　潇　对，把一个东西弄完，也不怎么刮胡子。

三明治　这种方法有效吗？

杨　潇　当然很有效，而且你会发现，如果我不拖稿的话，一万五千字可能几天就写完了。但现在没有这个条件，我处在随时要应对工作任务的状态，就不可能说完全不受打扰。

三明治　日常事务多的时候，不一定能保持体量较大的写作。

杨　潇　体量大的核心项目很难，非常耗精力。比如"十月革命"这个项目拖了这么久，是因为我只有精力写两千字的专栏。不过6月份采访完，我整理完录音后也开始慢慢摸索，那段时间觉得元神会受到损耗，但后来发现也未必。"十月革命"的稿子最后我断断续续写了两万五千字。

三明治　你今年是本命年吗？

杨　潇　2018年是本命年。

三明治　关于本命年有什么想法？

杨　潇　我以前在《南方人物周刊》工作，不只是我一个人，不少同事都在人物周刊工作非常多年，大家对这个杂志认同感非常非常强，因为那是一本真正有人文气质的刊物，多数记者和编辑也是书生意气的，关心智识生活，喜欢写作，而且写得好的人真的挺多的。

后来计划赶不上一波接一波的变化，直到某一天，我就接受了变化的存在。上次跟林珊珊聊，她觉得她自己特别大的变化，就是接受了"变化"这个事情。我觉得我也是这样的。而且有意思的是，接受了"变化"这个事情，你就会觉得有更多安全感。不论做什么事情，我都希望把它做成、做得很有影响力，做得更加长久一点，但我也不再会限定自己一定怎么样。比如说，我不会想明年一定要怎么样，如果到了该寻求变化的时候，那我就主动变化好了。唯一比较确信的就是一直写下去，因为真的喜欢。

我觉得这个年代，有才华的人终归有用武之地。而且再降一个维度来说，你也不可能饿死，所以也不太担心。

三明治 你的同龄媒体人很多在商业上有成就，或者物质生活上比较优渥，你会有和同辈横向比较的压力吗？

杨　潇 我知道有些人心态可能没那么好，但我自己是没有什么嫉妒心的人，这好像是天生的，属于出厂设置比较好，所以心态一直比较健康。另一个出厂设置是对自由的需求很高，相应地，一定会付出代价了，所以，人各有命吧。

以前的写作者只需要面对自己，但是现在的写作者必须要有一个自我评论和应对评论的能力。

韩松落：写作的最初动力是买房，但它让我在世界扎了根

撰文
万千

side
A

"当作家是体力活,不光是写作的过程,宣传的过程也是。"

为了宣传新书,韩松落三天时间里搭乘了三趟飞机,兰州飞上海,然后搭乘高铁去杭州,再从杭州飞西安,最后在西安飞回兰州。每到一处,都有书店或出版社安排的读者见面会。不光如此,还有密集的电台节目、媒体采访在当地等着他。

太过频繁的赶路,让他觉得身体有些招架不住,在回兰州的飞机上,不住地感到"头晕得厉害"。

2016年,韩松落一共出了三本书。前两本是以前的影评集再版,最新的一本是散文集,《我口袋里的星辰如沙砾》,记录了自己的成长史。前两本书加起来只做了五六场活动宣传,因为"影评集你再怎么样宣传,也就是这样的情况",但是在新书散文集发行两三个月后,各类活动就已经安排了几十场,"一个周末飞行两三趟"这样的行程会一直延续到9月。

"这次是散文集,也是一个转型之作,之后会把更多的精力放在小说上、散文上。我等于是在一个转型的关节点上,出去走一走也挺好的。"通过话筒传来韩松落的声音,温和,听不出太多疲累。那天他刚结束上一个周末连轴转的宣传行程,回到了兰州家中。

作为写作者,韩松落最早被读者知悉,是因为他为各类媒体写的诸多专栏。从2004年开始，他一直在写包括电影、音乐、娱乐、文化评论等在内的各类专栏文章。2012年，他被GQ杂志评选为"GQ年度专栏作家"。

他说自己最早写专栏的动力来源于买房。因为小时候跟着家里人在西北经常过居无定所的生活，他一直对房子有很强烈的渴望。

韩松落的本科是在兰州的一所师范大学读汉语言文学教育专业，后来也做过电视台主持、电台DJ等文艺行业的工作，平时他也写散文和小说，但是那个时代，文艺工作看起来既没前景，也没有"钱景"。

于是2004年，韩松落进入一家体制内的单位工作，每月领取1122.54元工资。这个数字他记得格外清楚，因为四五年没有变过。

通过一个朋友，韩松落接到了为《京华时报》的一个专栏供稿的机会，每天写一个发生在城市里的故事。专栏一周五篇，一个月拿到手的稿费足有四五千元，约是体制内工资的四倍。写了一年之后，他在兰州买下了自己第一套房子。

然而，他发现按照自己一天写一篇的速度，这个专栏很快就要没有东西可写了。朋友建议他说，"你不如写娱乐专栏"，因为"娱乐专栏这个东西是永远有得写，永远有材料"。

彼时，中国媒体开始进入黄金时代，其中一个最重要的变化是娱乐媒体开始兴盛。一方面是因为1997年之后，香港的娱乐力量、娱乐资本开始转向内地发展。另一方面，随着经济上扬，人们对娱乐方面的诉求越来越强烈，各大报纸、刊物上的娱乐版面越来越多。

韩松落在大学里经常看当时流行的娱乐八卦杂志《当代歌坛》。但是对于写娱乐专栏这件事，他内心还有点抗拒，觉得自己是一个文艺青年，是要写小说的。后来抱着试试看的心态，才开始写娱乐专栏。

一开始，他犯过不少错误，比如把"TVB"（香港电视广播有限公司）直接写成"TBV"了，还有一次把"宫雪花"写成"龚雪花"了，都被编辑一一指出来。后来他开始有意识地积累各类资料，梳理香港的电影史、娱乐史、香港大家族的风云变幻等，再也没犯过这些基本错误。后来，韩松落成了不少编辑的"救急作者"，可以一天内交稿，填补天窗，而且稿子里面不会有错，可以直接拿去用。

"松落"是他的笔名，他说自己的本名是个极其普通的名字。单位里的其他同事都不知道这个脾气很好、经常一起喝酒的男生还有另一重职业身份。直到本地媒体给他做了一期采访，并刊登了照片之后，韩松落的"作家"身份才在工作圈揭露。

但作家身份的曝光还是给他带来了烦恼，韩松落察觉到同事看待他的眼光产生了变化，和他聊天时会常说"你们文化人怎么怎么样"，这让他很反感。2007年，韩松落决定辞去工作，不再应付单位上的人事纠纷，专职写作。

在微博兴起时，韩松落敏锐地发现娱乐专栏的写作发生了新的变化。那时，娱乐媒体已经发展了五六年，大众该知道的明星故事都差不多被写过了，比起一篇按照"事实、分析、道理"结构写下去的专栏文章，人们更想看到更多的爆料。娱乐专栏的作者要从观点提供者转变成为事实提供者。

"这对我来说就很难。因为我已经形成了那样一种写作的定式，"韩松落说，"当时我甚至想，是不是没法写下去了？"

一直合作的编辑开始委婉地提醒韩松落参考其他作者的写法。那段时间，韩松落感到特别焦虑。他努力说服自己"也不是写不了，慢慢改过来就好了"。

2013年，是他写作产量的"高峰期"，几乎每天都要写五千字，完成3—5篇专栏，才能把一个月所有的约稿应付过去。除了写明星的事迹之外，韩松落开始写影评、乐评、文艺等方面的专栏，一直写到现在。

但是在他的心里，对于纯文学仍然心怀念想。在《我口袋里的星辰如沙砾》一书中，他写到在十多年的专栏写作过程中，小说成了他的"逃遁所"。"每逢发现自己的专栏写得并不好，我就假设还有小说可以接纳我。"

下一步目标，他想要完成一部个人的小说作品。过去十三年的专栏写作给予了他在文字上的信心。但是摆在他面前的问题是，随着年龄增长，自己对生活的感受力下降了，时间开始变得不够用。

现在，他每个月仍需要应对20个左右专栏，主要还是以娱乐类别为主，不过有些是按周交稿，有些是按月交稿。再加上还会有朋友来约他写书评，或作序，算下来基本上每天至少要写完一篇完整的文章。一旦有需要外出的读者分享会，他都需要提前三天安排好自己的工作和写作。

他的微信公众号"韩松落见好"，从写稿、选图到排版、发布，都靠自己一个人。有时也会追着当下热点，发布一些评论性文章，比如曾写过综艺栏目《饭局的诱惑》和热播电视剧《我的前半生》相关的评论。

很多同行都会请助理来帮忙打理自己的公众号，但是他仍然觉得自己熟悉的娱乐、电影板块的文章如果让年轻人来做，会经常出现贴错照片、写错年份的事情，还不如自己包办下来，形成工作习惯后也不觉得那么耗费精力了。

当我们聊起现在流行的各类娱乐自媒体，韩松落已经没有2009

年前后的那份焦虑,反而多了份坦然。"现在公众号时代又有一些新的写法,但是我不打算跟了,因为我不喜欢现在这种写法。"

步入中年,他终于开始在写作中拥有更多的自由。

side B

有时候一千字的文章，要写五六个小时

三明治 绿妖在新书的序言里写到"你写稿又好又快"。依照你现在的写稿量，写一篇文章大概要花多长时间？

韩松落 五六个小时。因为一篇文章要做大量考证，尤其是娱乐的东西牵扯非常广，哪怕是一个年份、一个名字、一部电影和电影里面的细节，都必须要考证得非常清楚，才能够写下来。尤其当要写的明星演艺生涯非常长，你起码得把他拍过的重要的电影都看一遍，哪怕快进着看一遍。这就非常耗时间。所以有时候，一篇一千字的文章，耗费五六个小时都是短的。但好的一点是，我现在是全职在写，不像有些写专栏的朋友其实还是有正职的，或者有的人要带小孩。这些因素我都没有。我用所有时间在写这些文章，所以给人一种错觉，写得很快，其实不是这样的。

三明治 在你现在居住的家里，你最喜欢的一点是什么？
韩松落 最好的一点是安静。晚上一点儿声音都没有。

三明治　　所以你写作的时候，会要求环境特别安静吗？

韩松落　　是的，这个对我很重要。因为我受不了吵。有的人写东西可以听音乐，我连音乐都听不下去。一定要保持安静。

三明治　　你更喜欢在家里写作，是吗？

韩松落　　是的。以前在我玩论坛的年代，我有一些朋友专门去网吧写东西。他觉得网吧那种环境特别能够提供给他灵感，我不行，我网吧里绝对写不下去。

三明治　　除此之外，还有什么写作上的小习惯吗？

韩松落　　我喜欢在家穿宽松的衣服写作。还有一点，就是写作的时候，我手上、脖子上不挂任何东西，包括项链、串儿、手表、戒指都没有。因为写到特别紧张的时候，你会觉得手上戴个东西，沉重得不得了。不舒服。我朋友也送过给我很昂贵的那种手串，我都不知道放哪儿去了。因为它特别妨碍写东西。还有一个习惯就是，写作的时候不喝茶，不喝咖啡，我就喝白开水。

三明治　　你从小就喜欢写作吗？

韩松落　　是的。因为我母亲和我舅舅都是当时的文学青年，订了很多杂志，也打算进行文学创作。但是在他们的年代，这肯定是不可能实现的，因为没有那么多渠道。虽然他们的梦想没有实现，但是我一直耳濡目染，对文字很感兴趣。在我小时候，社会生活和家庭生活都很贫瘠，没有钱去做别的事情。有一句话叫作"穷文富武"，文学这块领域的东西是成本最小，投入的资金量最少的。一支笔一张纸我就可以写了,这是一个低成本的行为。

三明治　有些网站上你的个人介绍里写着"16岁考上大学,却被劝退"?

韩松落　我刚考进大学时,因为身体出现状况,整个人特别虚弱,连军训都参加不了。这个情况马上就被学校发现了,所以就休学了。后来又过了一年多,回到学校。

三明治　你还有一段时间辗转在各个病房中写专栏?

韩松落　是的。因为我母亲生了很长时间病,所以有一段时间我就经常往医院跑,也写了好多关于医院的事情,刻薄那些欺负我们家的医生。后来我也是因为写作太累,身体状况很差,经常到医院住院、复查。在那两年多的时间里,我们家和医院结下不解之缘。后来就好了。

三明治　因为"写作很累"住院?那时候状态是怎么样?

韩松落　是进入了写作的疲累期,有外界劳累的原因,也有内在的心理因素,不知道我做这件事的意义是什么,能够给我带来什么。当时房子也买了,那么接下来,写作对我意味着什么?可能处在这种状态下,病就来找你了。

三明治　你曾得过一段时间的抑郁症?

韩松落　那不是我的原因,是因为我们的医生当时急于出效果,用了猛药,然后这个药物是会带来副作用的。所以我当时一边抑郁着,一边在想:"这个不是我的原因,我不是真的抑郁了,只是这个药带来的副作用。"当时一边吃不下饭、睡不着觉，每天痛苦得要命，每天两眼一睁，觉得末日要到了，另外一方面又要不断重复告诉自己，这个不是内在的东西，是外力导致的一个结果。那段时间对我的影响是，个人精力不太好了，写作的量和质量都有一些变化。现在去看那一年写的东西，惨不忍睹。但那一年过去之后，就好起来了。

写作是一种整理世界的能力

三明治　　你所经历的"专栏时代"是怎么样的？

韩松落　　在专栏时代，其实对写作的要求是很高的。你最起码要过编辑这关，而且编辑部还不只是某一个人的，还有主任等，需要一层层地过关。如果最后发布出来，你稿子里面有一个错字，或者把某个年份算错了，要扣编辑的工资。这就成了你和他的共同责任，所以不能有这种漏洞。当时，每一次审稿都是在提高的过程。然后你还要考虑到读者的问题。所以一千字的稿件也很难写。现在公众号写作时代，大家的写作态度都比以前随意太多了，我也是。以前可能死磕出三千字需要很久时间，我现在一个小时能写五千字了。可能有一些人依旧严谨，但是就我目光所及，很多人都没有以前那么严谨了。

三明治　　你写娱乐稿件很少犯错？

韩松落　　这十年下来，除了头半年犯过一些错误，其他事实上的错误基本没有犯过，可能有一些观点上的偏颇。有一次我印象比较深,把邵逸夫和方逸华结婚的年龄算错了。很奇怪的一次错误,因为年份都是对的,但是把他们中间相差多少岁给减错了,后来被读者发现了。现在好多做自媒体,都是情绪化、观点鲜明一点就好了,对文章里面提到的事实不做过多核实,甚至有时候材料核实太严谨的话,还会妨碍它表达观点,比如它有时候已经打算要骂一个明星了,或者说已经要借着一个明星的故事,要讲一个什么道理,但当它把事实梳理一遍,发现根本不是这样的,佐证不了。那怎么办?很多人都会觉得那还不如以讹传讹,就用那个错误的事实好了。

三明治　2004 年,你刚开始写专栏时,需要兼顾多少个专栏?当时写作状态是怎么样的?

韩松落　我在写专栏的第二年就已经同时写了七八个专栏了。好在那个时候报纸也都是纸媒体的形式,即使有电子版,影响力也不是很大,所以很多地方的报纸愿意接受二手稿。就算这篇稿子你之前在某家媒体发表过,只要那家报纸影响力不是太大,在另一家媒体也能再用。

三明治　写专栏时会出现灵感枯竭的时候吗?

韩松落　会有。因为故事不是经常会有的。如果忽然没得写,就会很痛苦。后来当我有了自己的一套方法之后,这件事情就变得容易了。至少我能够在规定的时间里面完成,组织一个故事,把城市里的故事现象化,比如 2004 年我写"城市"主题专栏的时候,网络刚刚兴起,大家都在见网友,我就把"见网友"这件事情写成一篇很搞笑的小文章。我后期还写过一个专栏，叫作"晚报新闻"，就是我把我看到的本地晚报上的新闻故事里比较感兴趣的新闻重写一遍。这种重写，可能是我写下自己对这件事情的评述，或者我用想象去填补一些记者轻轻带过的细节，把故事扩展开来，或者是通过自己的线索渠道去打听一些细节，了解事件的另外一面。这个专栏当时还挺受欢迎的。

三明治 你说自己经常写一些娱乐稿，该怎么定义你说的"娱乐"呢？

韩松落 虽然被叫作娱乐专栏，但是我更愿意把它称为是一种泛文化的专栏，不一定写的都是明星或者是演艺界人士，也有可能是一些生活比较多姿多彩的其他领域的名人，都可以被归类到这样一个"娱乐"的范畴里，甚至是包括一些娱乐色彩比较重的一些畅销书作家。我在娱乐版面上还经常写史蒂芬·金呢。

三明治 所以这种写作很少依靠采访，更多的工作是整合资料？

韩松落 是的。因为我写过去的人比较多。为什么会写过去的人？因为新的明星有一个问题，就是好多明星都很年轻，红起来可能也就三五年时间。他经历的人和事，哪怕是公开的、可以承认的爱情都很少。写什么呢？而且有些明星的个人特质也不是很明显，没有什么可以写的东西。但是过去的明星可不一样了，有些人在娱乐圈打滚了五十年的时间，他们有大量的故事待你去挖掘。各种各样的回忆录都会提到他们。这个挖掘的过程中会有一种快乐。每次把一个人梳理完了，就好像是在时光隧道里走了一遍。你会觉得人在世事面前的力量是那么弱小,有些明星在自己最红的时候,肆意妄为,声色犬马,但是因为遇到了某个特别小的时事变化,从此就一蹶不振。我觉得很多明星的人生里头有一种命运感。另外,现在的明星的公关把控力度非常强。但是写过去的明星不会这样,他们有的已经退出娱乐圈,有的已经有定性了,所以可以写得大胆点,泼辣点,比较有乐趣。

三明治　你专门为写娱乐专栏,建立了一个资料库?

韩松落　我的电脑里头文件夹特别多,有一些是长期资料,就是我看到非常好的资料或者是事实:某个阶段的物价、某个年代的电影现象、潮流现象……只要是我觉得好玩的,都会存进来。然后就是自己以往写过的东西也是一种资料,因为在写的过程中本身参考了很多信息。我把我写过的专栏,分门别类,按时间整理得很详细,做了好多文件夹。我的电脑里,光是储存我自己的文章,就有大概两百个文件夹,包括写作计划、题目、大纲、电影专栏、娱乐专栏等。将来要用的时候,我只要一搜索就可以了。我觉得这也是特别好的资料。

三明治　有些读者可能会认为"写专栏的作者没有写小说的厉害",你怎么看待这样的观点呢?

韩松落　我昨天刚好写了一篇公众号文章来表达这件事情。人为了找到自己在宇宙当中的位置,就必须建立一个态度。其中最好的办法就是和别人发生联系,用我和他人的联系、对比来把自己的位置找出来,好像通过表达"我喜欢谁,我鄙视谁",

就可以说明你的位置在哪里一样。我觉得所谓文学里面的鄙视链也是这样，大家都觉得自己比写娱乐专栏高一个档次。但我觉得一个人会去鄙视别人，首先就是不自信，说明你还在找自己的位置。我对这个没有担忧，我的位置就在这里。

三明治　你觉得写作能力是相通的吗？专栏写作并不影响你进行其他写作类型的创作？

韩松落　写作是相通的。写作就是一种整理世界的能力，甚至不光是写作，创意行业里的很多事情，比如画画、音乐、雕塑、设计，都是一种整理世界的能力。我觉得它是完全共同的，肯定在形式和技术上是不一样的，但是内在东西是一样的。过分强调外在技术都是不自信吧。我在很多人身上看到过这种不自信。比如说，有段时间我很爱看《鬼吹灯》和《盗墓笔记》，我觉得写得真好。我有个写期刊的朋友，有一天问我在做什么，我说我在看《鬼吹灯》，好好看。他说，你还看这种东西？我能觉察他的语气，好像在说这种东西有什么可看的，写得那么烂。我当时就直接毫不客气告诉他，人家的文字比你的好很多。不光是文字能力、讲故事的能力，还是展现大情景的能力，都比他强得多。所以何必呢？有时候你抛出自己的评判标准还有可能掉入别人的局里了呢。

尝试编剧，为了创作自己的小说

三明治　每年大部分时间你都会在兰州生活？

韩松落　是的。不过从前几年开始，尤其是2010年以后，我每年有三分之一的时间都在外面。有时候是参加一些笔会，前年还有一块比较重要的任务是跟剧组拍摄，也是在外面跑。

三明治 和剧组合作是因为怎样的机缘巧合？

韩松落 前年碰到一个老师，他在影视方面的工作做得很好，邀请我去，我就说好吧，可以试一试。当然，以前也有一些这样的机会，还挺多的。但是我只要一想到，让我离开家住在北京的宾馆里，写上一两个月的剧本，我就特别崩溃。再加上我觉得写剧本体力消耗太大，于是一开始的邀请，我都拒绝了。那段时间，我的时间基本上也耗在那部剧上了。所以还是挺繁杂的事情。

三明治 方便透露那是什么剧集吗？

韩松落 它是一个中韩合作的电视剧，穿越剧，后来顺利地播了。只是在拍摄过程中出现了特殊情况，本来两个月就可以结束的拍摄周期，变成了五个月，一波三折。做编剧受到外部的影响因素很大。每年有那么多编剧写那么多东西，但真正立项、拿到钱可以去拍摄的片子很少。拍好了，能拿去播放的也很少。真正可以火起来的电影就更少了。所以这个行业也是一座金字塔，下面尸骨累累。

三明治 你想要尝试编剧的动力是什么？

韩松落 因为我觉得编剧是非常考验写作者的故事结构能力和人物塑造能力的。尤其是当影像在这个时代比文字走得更快的情况下，我要去搞清楚它的规律，然后把这个规律用在文字里。

这是我做这件事情特别强大的动力：小说有没有可能多用一些影视、视觉感官的技术，让它变得更好看一点？

三明治　　那你现在是想继续尝试编剧，还是准备创作小说了？

韩松落　　还是小说吧。因为从小到大，我的愿望都是写故事、写小说。因为写小说比较自由，这是一个人的事业，我把写好的小说发表在公众号上或者论坛上，就会有人看到了。但是做编剧不一样，它是一个集体作业，自由度没有那么高。电视剧、电影都是工业，可能你写的东西就是过不去，演员就是不能这么演。最后呈现出来的东西，可能完全走样。我更喜欢小作坊似的独立作业，我写的东西就是我的，哪怕我写坏了，写错了，这个东西就是我的。而且现在写小说也能挣到钱了，可以出书，卖版权。只要写得不太烂，都卖得很好。我认为现在其实是阅读的黄金时代。或者，作者可以卖小说的影像化版权，卖给电视剧、大电影、网剧、舞台剧、动漫等各种类型。我有个朋友简直是这么一套卖下来，卖了很多很多钱。当然，这里面肯定是要有一些运作，但是说明有这么一个渠道。这不是挺好的吗？以前没有这么好。

三明治　　你真的认为现在是阅读的黄金时代吗？

韩松落　　是的。在我小的时候，想读书但没有那么多书可以读。很多人阅读的愿望就这么被打消了，被磨灭了。但是现在不一样了，出版和传媒这么发达，是一个你想要看到什么，就能看到什么的年代。人们阅读的欲望被最大限度地激发出来了。现在很多内容创业都和文字离不了关系。哪怕就是你弄个视频，也得打字幕，都是从文字里演化和延伸的。所以这个年代，人们阅读的欲望被空前地激发了出来。另外，现在文字变现的渠道也很多。文化传媒的体量在膨胀，变成了一个很广义的行业。所以哪怕你在这个行业里，做一个最小的小众，做好了，都可以做到生活不愁，我觉得这也已经很好了，以前的年代和现在是不能比的。

三明治　　现在对于读者而言，虽然阅读欲望被激发，但是他们被很多阅读碎片淹没，反而不如当时那样，好好读完一本地摊文学？

韩松落　　如果是碎片化阅读的时代，那我们也就写碎片的东西好了，这有什么？我对这个一点纠结都没有。不像有些人说我们要去写经典，写大部头什么的，我觉得既然是碎片式的，我就写碎片、写段子、写公号、写碎片文章。人的需求是多层次的。我平时也爱看碎片的东西，但是我看久了也会很烦，反而会激发我更想去看深度一点的东西的强烈欲望。

三明治　　在写小说的时候，你会感觉到障碍和瓶颈吗？

韩松落　　我倒觉得没有太大难度。第一个是生活经验。我小时候也面临这个问题，就是"写小说，哎呀写什么好啊。什么东西值得一写呢？"。但是到了我这个年纪，我已经没有这个问题了，因为经历过看过的东西太多了。其次，文字对我来说不是什么问题。经过这么多年专栏写作的锤炼，我对文字的信心是比以前更强的。专栏那种一千五百字，需要各种各样的雕琢，各种各样的结构，写多少字你就要抛一个包袱、扔一个笑点出来。我现在对文字更自信了。而且写专栏给了我特别好的习惯训练。我很多朋友一上手就写长篇,但是写着写着写不下去了,又去干别的。反而我身边很多写专栏的人没有这样的问题。好比我有一个朋友,他也是写专栏出身,但是他的第一部长篇作品写了十二万字,写得非常精彩,我觉得是一个杰作。当然因为各种原因,没有拿到国内出版,没有发表。我问他写了多久,他说写了三十天。我问他你怎么写出来的。他说,当在写专栏啊,把它当作三十天的专栏来写。他先打了一个很详细的提纲。每天起来,就像写专栏一样,就把这四千字填够就好了。我觉得这是写专栏给我带来特别大的收获。我比较担心的是,一个是感受力在下降。毕竟不是20岁的时候,20岁的时候写东西特别磅礴,即使是废话,也是很有情趣的废话。现在你写着写着会很谨慎,会发现自己写的东西干瘪了。虽然的确是更有力量了,但是没有那么丰沛的感情了,没有那么丰富的感受了。第二个变化是时间不够用了,各种各样的杂事打乱你的写作节奏。长篇小说需要特别固定的一段时间去做。

写得越多,隐藏得越多,袒露得也越多

三明治　你在接受一个视频采访时说过感觉过去的自己和现在的自己"完全是两个不同的人",这种感觉什么时候产生的呢?

韩松落　我觉得分裂就发生在这两年。我现在去看2012年时候的我,会觉得这个人和我有什么关系,他的好多想法、做法都是我无法理解的。2013年后我好像就变成了另外一个人。可能

就是年龄到了。"年龄"这事虽然也没什么，但就像是一个刻度，会给人的身体、心境各方面真正带来很大的影响。所以就在某个年龄段快要靠近的时候，会觉得"关于这个事情，我的想法不一样了"。

三明治　　那你觉得自己身上从 2012 年到 2013 年发生的最大变化是什么？

韩松落　　我变得更快乐了。以前，我的朋友都觉得我是一个特别热情的人，经常说我是一个谐星，可以一晚上滔滔不绝地说各种搞笑段子。只要有我在场，一晚上可以笑得没完。但是那时候的快乐好像很假，就像是一个少年人的歇斯底里，我觉得我一定要证明我很快乐。2012 年之后，表面上看，我没有以前那么活跃了。我不一定要在一个场子里面搅热整个气氛，我反而会选择躲在一个角落里面。但是那个时候，我反而觉得快乐很真实，心里面很安静。特别舒服。我不再对这个世界承担那么多义务，突然放松了，平静了。

三明治　　现在更能面对真实的情绪了？

韩松落　　对。包括面对自己不太愿意，不愿直面的真相，也包括面对我自己书里面的瑕疵。这本书有它的好，也有它的不好，但我觉得我都能接受。过去很多年，我一直在写各种各样的评论，娱乐评论、电影评论、书评、社会事件的评论，我获得了一种能力，就是以评论的眼光看自己。我既是写作者，也是评论者。这也是这个时代很多写作者必须要有的能力，以前的写作者只需要面对自己，不需要面对更大场合的反馈。

但是现在的写作者,你只要发东西在网上,马上就有人评论了。你必须要有一个自我评论和应对评论的能力。

三明治 你觉得《我口袋里的星辰如砂砾》这本书瑕疵的部分在哪儿?

韩松落 有部分瑕疵是结构上不完整。这有两方面原因,客观原因是其实里面大部分文章也是专栏,不过发表在一些相对文艺的平台上。专栏的形式对字数、篇幅、结构上有一些限制,不能写得很长,不能写得过于细腻。还有一个内在的原因,就是在我当时写这些散文的年纪,我还没有拥有很好的结构能力。别看是一个一千五百字或者是三千字的短散文,写不好,就是写不好。比方说里面有一篇叫作《夜航记》的文章,是我小时候跟着运油卡车在新疆运输线路上来来去去的故事。其实现在再看,那个文章我觉得浪费了一个特别大、特别好的题材。当年在那条线上,经历了多少事啊,有很多人的故事都是值得写的。写十篇文章,每篇写五千字都没有问题,但是当时的杂志给我的篇幅就是一千五百字左右,所以就写成了这么个样子。我现在回头看,就觉得很遗憾。

三明治 新书在豆瓣被归类到非虚构类别。不同于评论,这本书里全是你个人的故事。你怎么看待书里写的"写得越多,隐藏得越多,袒露得也越多"这个观点?

韩松落 我毕竟是一个写作者。写作者都是说谎者,我在写作的时候已经想到了别人看到这个会怎么想,我怎么会是完全坦白、毫无保留的呢?我最近碰到很多朋友看了书之后问我,哎呀你写得这么坦白,这么赤裸,会不会担心自己很难堪啊,你会不会担心别人会笑话你?没有,一点都没有。文学创作,必须得写成这个样子。我平时在专栏里已经掩饰得够多了,都写的是别人的故事。现在终于可以写自己的故事了,我为什么还要去掩盖自己的情绪呢?没必要。另外,我觉得反正无论如何都是曲解,那我如何不顺应当时的心境把它写下来呢?甚至我还觉得写得不够直接、不够直白。因为年轻的时候,人会有各种各样的顾虑,会觉得这个人得罪不起,担心家里人看了有什么想法、如果发表出来别人怎么看我?但是当到了我现在这个年纪,就完全不是这样子,那就是把冰山底下的部分也完全写出来了。

三明治 写作什么时候在你生活中变得意义非凡,不同于其他兴趣爱好了呢?

韩松落 刚开始写作的确是为了解决生活的问题,为了名,为了利,为了买房子。然后在写的过程中,我发现它帮我得到了另外的东西,比如说虚荣心的满足,比如说自信,比如说为人处事的那种从容以及看待事情的豁达,这都是写作带来的。在写作中,各种各样的观点都砸过来了,然后你就会真的变成一种比较"宽"的人,从惨绿的、犹豫的、郁郁寡欢中走出来。而且写作让我和这个世界发生了特别深的联系。表面是我认识了很多人,内在是我觉得我真的在这个世界上扎下根了。觉得这么多人,这么事情,这么多地方,和我发生了那么多联系。这件事让我开心无比,这就是写作的意义。可能其他事情也能带来这样的效果,但是在我的生活中,我找到的就是写作。

创作者的迷宫

一方面我想要更好的、更完整的自我,一方面又觉得有漏洞、有残缺的自我才是更美的……这种内部的冲突,在我身上还是存在着。

里所:我用真心养诗,诗长大了,我也长大了

撰文
渡水崖

side
A

2023年3月18日，里所在北京尤伦斯当代艺术中心，她很好辨认——绿色衣服，长发烫了玉米卷。除了作为一场当代诗人演讲活动的主持人，她自己也是诗人，做了一场演讲。

台上有不少名人面孔，有的讲方言，有的读外文诗，也有学术观点。里所是其中年纪最小的。出发前，她告诉我现场会有"交锋"。直到诗人、北大中文系教授臧棣讲完，我才明白是什么意思。

当时，里所请台下观众向他提问，诗人杨黎先站了起来，紧接着是诗人伊沙。他们开始就诗歌问题激烈地讨论。坐在我身后的人开玩笑说，打一架吧！

演讲持续了五个多小时。里所说，在意见纷争的诗人群体中间，总有紧张的快乐。

这是她工作的场合，也关乎写作、生活的方式。

里所

在哥伦比亚的咖啡馆
看见一只小小的地球仪
抱起来捧在手中
转到国内他所在的城市
轻轻用指尖抚摸那里
又转到里海
他说过那是我的海
转到法罗群岛
他在那儿弄丢了一个帽子
转到美索不达米亚平原
"美所"
他曾这样在耳边叫我
——《那时世界还在我掌握之中》，2022

"里所"，不是里海和美索不达米亚平原的意思，尽管里所在一首诗里这么写过，诗与远方也贴近对诗人生活的浪漫化想象。用这两个字做笔名，因它们组在一起好看、好听。"这个字拆开看是'少'和'女'，放在一起读，又像小猫'喵喵'叫，"里所说，"我们对一首诗可以有多角度的阐释。哪怕它写得很简单，被解读出来的意思不是诗人最初想表达的，也会很奇妙。"——又回到了"妙"。

和里所聊天是奇妙的。

她喜欢讲诗，语气很轻，话却密，扯远了会自动剪切，"好，这个话题我等一下来说"。可能和这几年的工作带给她的影响有关。诗人之外，她是一位图书编辑，时常主持新书的线下活动。除了在书封、海报上看见她的名字，我对她本人的印象主要来自互联网。2016年开始，里所在公众号"数数学"上分享自己写的诗，偶尔配一张照片。在第一篇年度诗歌总结里，她就是现在这样的长发，戴圆圆的眼镜。

从公开发表的第一首诗《奇迹的喀什》开始算，里所写诗已有十六年。但她是85后，在诗歌代际里仍然年轻，而且新作不断。我数了数她发表的诗，加上未公开的，平均每年写七八十首。"不算多，"里所不好意思地说，"一百首是我的最大极限。很多诗人朋友一年可以写好几百首。"

里所从2022年写的诗中挑出了七十首。其中近一半在描摹居家生活，有呼呼大睡的小猫，发了芽的土豆，长到窗前的梧桐树，指标异常的体检报告……里所住在北京，出了三次差，回过一趟安徽奶奶家，其余不少时间待在家里。有首诗里，她写自己如何重复同一个动作：添加购物车。"一盒木耳一盒金橘两盒蓝莓一袋面包一盒豆干一包韭菜一把葱一份肉馅一盒奶酪……"

回想过去三年的状态，里所觉得自己是有一点被"吓到"了。好像失去了时间感，分不清某一次出差、某一项工作到底发生在2022年还是2021年，或是更久以前。里所过去的诗多数涉及个人生活：有关女性的自我认同、身体欲望和情感。

这一年，她不得不写下了很多与外部世界相关的诗，生活迫使她去捕捉、描述内心更复杂的情绪涌动。这于创作是好事，但写起来并不容易。

生活中的里所很在意"状态"，为了让身体、精神状态饱满，她每次出差都要带上自己的枕头，下班回家后立马切换到"私人人格"，"Enough，我要回去做自己了。"状态是创作的开关，让写诗这件事可持续，且不倚赖任何环境和媒介。有时在飞机上，有时在地铁里，有时读着书，就打开了手机备忘录。"比如我们这场对话中的某个部分，可能引发了我的一些感触，我今天回到家，就会很快地在备忘录上写下来。"

在2022年度诗歌总结里，她鼓励自己往前走，"诗歌和生活同频同步，经历什么样的生活，就写出与之相关、相匹配的诗"。与生活相比，诗歌很短。我好奇是什么在驱动她，领着诗中的"我"走了很远很远的路。她笑起来，伶俐地反问："往哪里走？从哪里来，到哪里去？"

叙事

我朝着与落日相反的方向
奔跑
快一步站在夜的疆域里
听见整座城市
生殖、繁衍的声音
——《奇迹的喀什》（节选），2008

对于创作者，年少成名是一种奢侈。里所写《奇迹的喀什》那年20岁，发表出来时也不过22岁，于是就有了"当代诗人"的头衔。被认可，对于那时的她很重要，是一种自我确认。后来她也喜欢看见更年轻的人珍视自己为诗人，觉得敢于确认自己是诗人，能给初写者带来责任感，让写诗跨过爱好，进入专业领域。她对专业的一个阐释是，"花了多少时间精力在做这件事"。

自媒体时代，原创诗歌大多首发在网络上。2011年，诗人伊沙在网易微博主持诗歌评论栏目"新世纪诗典"（这个栏目至今还在更新），每天推荐一位诗人，其中就有里所。当时她还在北京师范大学文学院读研究生，是个"不太规范"的文艺青年。文艺在于，她喜欢写诗、看戏和听摇滚乐，是先锋剧场、小西天艺术影院和麻雀瓦舍文艺汇演中心的常客；"不规范"的是，她想走一条分叉的小径。毕业前，有同班同学投了不下一百份简历，她只投了一份，还没中。

象牙塔的学徒，并不畏惧社会生活，她只是不紧不慢地，左瞧瞧右看看，想找看看哪个地方既有创造性，还有空间给自己发挥——写诗。

"现在想想，活该我没有找到有北京户口的工作！"里所自嘲，大部分研究生同学如今都在体制和事业单位，不像自己，没有规划，人生选择总是凭感觉。高考也是，她是当年新疆喀什地区的文科第三名，因为"海洋"两个字，很感性地报了中国海洋大学，结果掉了一个志愿，去读西安外国语大学。先锋诗人伊沙就在西外任教。

后来她考上北京师范大学现当代文学专业的硕士研究生，发现导师李怡和伊沙曾是北师大中文系的师兄弟。"这就是有意思的地方。"里所掏出一本伊沙的诗集《白雪乌鸦》，是她前两年参与策划出版的，"我对很多事情过于随意，但到头来人生安排总是这样巧妙。"

喀什，是里所早期诗作里的重要素材之一。舅舅最早到新疆工作，然后亲戚带亲戚,她从十二岁开始跟着父母从安徽迁居新疆喀什。有些家人因为语言沟通不便,有的不适应气候,后来又回到内地。里所来了却很喜欢,经常四处乱逛,看什么都新鲜。

澡堂门口的大妈,批发鸽子的老汉,巴扎上奔跑嬉戏的小孩子,本地人的生活是一座城市的心跳。在诗里,她这么写,"我确信 / 是喀什推我进入更大的世界"[①]。

她也写迁徙家庭的故事,父亲的训话,母亲的悄悄话,外婆怎样一天天等待死亡到来。当地有很多这样的汉族家庭,来自甘肃、河南、四川,各家过年放鞭炮的时间都不一样。文化杂糅中,传统的民俗一点点淡化,一点点变形。几年前,外婆在喀什去世,舅舅和妈妈开了三天三夜的车,送她回千里之外的老家。里所回去祭拜,写下给她烧去的三匹纸马。

如今有假期,里所一半时间在新疆,一半在安徽。在妈妈面前,她会多说一点诗歌和工作上的事。她们是亲密的朋友。妈妈喜欢读书,日常叙事也有文学性,与她有精神上的连接。妈妈也更理解她的生活状态,理解她跟家里其他同龄女孩不一样。"对家、故乡、原点的依恋,可能是一种很普遍的文化心理吧,"里所觉得自己写故乡,并不意味着什么,"在我的概念中,人不应该固守一个地方。"

---

① 《灼雪之火》,2017 年。

更新

> 有一天会不会离开北京
> 去海边的小城生活
> 台风来的时候
> 撕一页诗就能够抵挡
> ——《一万架直升机（六）》，2012

　　游戏之余，里所去宋庄美术馆工作。布展，做宣发，办沙龙、电影放映，过着一份像是学生时代向往的理想生活。那段时间她写作很少，回忆起来觉得是舍弃了某种职业感，"沉浸在被放逐的自由当中"。

　　"年轻的时候我觉得，写诗不就是一件很自然的事情吗？我有非常多的精力和才华。但后来我才发现，它还需要我有更多的'稳定'，这种稳定不是物质、现实生活层面的'稳定'，而是我需要沉淀，我需要阅历，需要读书，需要专注。"

　　但在北京，物质和现实生活的稳定，意味着更需要承担创作背后的风险和压力，不可谓不重要。里所点头，然后又摇头："我对这些没什么概念。就像留京不是为了拿户口，而是因为北京在文化意义上可以称为一个码头——这里连通更大的世界，也连通小小的家，自己可以随时漂流，也可以随时停在坞中。"——她和艺术、创作的关系也不会被生活的压力阻断，"它们对我来说构不成压力"。

　　里所有自己应对生活问题的方式。一直租房，她也遇到过麻烦。有一次，家里洗衣机的排水管爆了，她在公司上班，不知道水已经渗到了楼下。后来物业通过房东打电话叫她回家，邻居上门找她理论，用词刻薄，"你们这些外地人"。"我当时心里非常不舒服，"里所说，"但事后想想，也很好消化。这不是这座城市的问题，是城市里这个人的问题，而我恰巧遇到了这一个人。我不能让这样的人对待我的态度，影响到我自己的生活态度。"

十年过去了，当初一起聊文学、一起写作的人越来越少。学校的同届、同门，只剩里所还在写诗。一起创作的老朋友，有的回了家乡，有的去其他城市闯荡。还留在北京写作的，是青年作家孙一圣。孙一圣是山东曹县人，起初边工作边创作，后来索性辞职，待在北京专心写小说。

里所明白他的意思，人在曹县是写不好曹县的，异乡人视角会为创作者带来更大的思想自由，异乡创作是一个需要坚持的过程，要有耐心和专业性的积累。

而对诗人里所来说，她需要另一个身份——编辑里所。做好一份工作是很有必要的。创作上，虽然还会受困于懒惰和忙碌，但里所觉得，没有比编辑更适合自己的工作了。以前她以为自己是"讨厌稳定"，其实是不想对一件事"太擅长"，精通于重复同一种模式。她喜欢打开新的思路、观念。

写诗，需要一直更新观念，寻找叙事方式的突破；画画，可以用新的材料和媒介，从签字笔到油画，再到学刻版画。现在，她和诗歌、出版也有了新的相处方式，她称之为，"到第一现场去发掘"。

平衡

> 改，改，改，删，删，删
> 刽子手熟练工已经上线
> 晚上回到家
> 大脑还在亢奋
> 苦笑着从荒诞中
> 抓出一首注定要被
> 另一个编辑删掉的诗
> 一行行将它
> 摁在纸上
> ——《诗人》（节选），2022

里所工作很忙。我们第一次见面，是年前的最后一天。她所在的出版公司位于北京西城区德胜门附近，格子间安安静静，过道里的书摆得比工位都高。里所找了间小会议室，大致规划了一下我们可以做采访的时间，聊完又匆匆回去。那天晚上，她在公司一直待到大厦的物业要切断电闸。

里所主理一个诗歌工作室，加上她，共有四位年轻的编辑，都是诗人。工作室的日常工作状态之一是"读诗"。我去之前，她们正在做诗歌评选。桌上摆着待颁的奖杯，一条长着鱼尾的猫。这间工作室从 2016 年开始评选年度最佳诗歌百首，自此开始有源源不断的投稿。

"诗人，经常是作者的斜杠身份之一，有一些新的诗人，对我们来说也是完全陌生的，经常不知道从哪个犄角旮旯突然冒出一个写诗很厉害的人。"里所打开手机给我看，一位早年有参军经历，写"数以万计的腿／从空中落下"；一位写"要操大海，一猛子操下去／大海还是那个大海／人却没有了"，他的本职是出租车司机。里所还展示了她们建的诗青年微信群，里面有一百多位青年诗人，很多是90后、00后，有的已经在工作，有的还在读书。

处在不同生活圈层的诗人们会时不时聚在一起。只要一张罗，很多人就会积极赶过来。有时在出版社，有时在书店，用一种朴素的方式，带着作品来见面、切磋。

2023年2月的第一场线下读诗会在码字人书店举办。一楼坐得满满当当，有人来得晚，不得不站在门口。我也站在门口，看见有的诗人头发花白，还有异国面孔。人人脸上是相似的羞涩，但读起诗来都坚韧有力。一位男生读完自己的诗，还平静地说了很长一段感言："在禁锢中活下去，我现在的感觉就是这样。"

里所是这场活动的主持人，大部分时间在荧幕光影下站着。她主持过很多场活动，活跃在诗歌第一现场的台前幕后。这似乎也塑造了她的工作性格，"在小圈子里好像很活跃，实际上不主动、不外向"。

2016年她还不太能应付这样的场合，曾在新书发布会上漏念过嘉宾的名字。现在，她自如得多，在自我创造与为他人创造中间寻找平衡感。"有趣的地方在于，我的履历好像是个'学院派'，我也应该是个很乖的'学霸'，但我骨子里是截然不同的另一个人。这挺好的，到后来，我性格中较真、精细的一面，又反馈到我的工作当中。"

里所最近经常出席的新书活动，"主角"是五条人乐队的仁科。一位和她以往接触过的诗人风格迥异的小说家和音乐人。她是仁科

《通俗小说》的编辑。把两个人联系起来的枢纽之一，是里所翻译过美国诗人布考斯基的书信集。那位愤世嫉俗的"酒鬼"，完全是里所的对角线——她觉得自己拘谨、平和，容易被什么东西束缚，结果越翻译，越挣脱了束缚，被另一种诗人的尖锐、直接、愤怒感染，后来干脆叫布考斯基"布布"。

至于活跃在大众面前的自己被如何定义，里所不那么在乎了。很多年前，她听到"文艺女青年"会觉得抗拒，如今觉得大家想怎么称呼都行。一个诗人应该是什么样子的，她也不想再有任何的限定，"诗人应该是学者型的？应该是鲁莽的？应该是年轻的？还是应该是有智慧的？真的不重要。重要的是这个人，在写什么样的作品"。

side B

三明治　你写诗规律吗？

里　所　不能说规律，也很难强迫自己每天写，形成规律。我只是保持练习，尽量笔不离手。因为如果我连续一两周、一个月都太忙了，脑子被别的事占满了，没有写诗，再去表达的时候，那个表达就是生硬的。所以我会日常思考创作的事情，让自己的思维保持在一种很活跃的状态。内心也要是安静的、有力量的。如果有时候连续好几天特别累，状态不好，即便有想写的，我也觉得很像是一辆车胎没气的自行车，行动不便。我之前整理诗稿，写了一个简短的导语，说"诗盛"在于"我盛"，反过来也成立，"我盛"才能"诗盛"。"盛"就是生命能量强，有活力。这也是为什么日常中我不太想要那么多无效社交，怕过度地分散、消耗自己，还是应该把精力特别专注在"写"这件事情上。

三明治　这几年的创作状态怎么样？

里　所　外部信息带来的冲击力很强，我的感受也很强烈，来不及反应和消化。这在创作中处理起来也是困难的。有那么一两个月，我一首诗都写不出来，每天情绪起伏特别大，各种各样的感受掺杂在一起,但不知道如何表达。

而且诗人不像新闻记者,记者可以把自己看到的转换成文字,如实记录,但诗歌不能完全纪实。有一些诗人擅长书写公共事件、大的议题,对整个世界进行拷问和发言,但我的创作更多是朝向自身的,在一个相对封闭的世界里,写女性的感受、身体性的东西,这些才是我的领域,我也更擅长去探索这一部分。所以这一年对我来说,不得不去面对更大的创作议题,因为它伴随我每一天的生活。

三明治 你最开始写诗的时候,受哪些诗人的影响比较大?

里　所 高中主要读海子、顾城,受过他们影响,特别是顾城。对国外诗歌的吸收和借鉴,主要是浪漫主义方面的。雪莱、波德莱尔、惠特曼……但波德莱尔和惠特曼的好,那个时候我也不能真正理解到。比如波德莱尔,他诗中有一些恶狠狠的,或者冷漠、审丑的东西,我当时读不懂。最近我拿出波德莱尔的诗集读几页,感受就很不一样了。

后来我读大学的时候,遇到了伊沙,我才真正开始当代诗歌的学习,知道了当代诗歌是怎么回事。他有首诗叫《车过黄河》,写的是坐绿皮火车。火车非常拥挤,大家都在排队等着上厕所,轮到"我"的时候,火车正好经过黄河,按理说"我"应该像古人一样眺望、思考我们的文明,但那一刻我在小便,那个时间是属于我的。伊沙用一种个人的感受,去解构诗人应该如何面对宏大的文化符号和概念,思考两者之间的关系。

他的诗很快就动摇了我之前对诗歌那种浪漫主义的、抒情式的理解，我才明白原来诗歌是可以跟自己的生活、生命发生直接关系的。2006年读大二的时候，我开始写一些真正意义上的当代诗。同时，我也一直想写符合自己嗓音的诗，在创作的语言和思维方式上，我想保持一种"里所的方式"，而不是"里所学谁""里所像谁"。关于影响，我知道谁的诗好，但是在自己的创作中，我不能变成他/她。我一直有这样一种对抗，或者是反思。

三明治 在诗歌领域，如果往前推几年，氛围会不会更好？你觉得存在过一个更好的阶段吗？

里　所 我有一个很直观的感觉，在2015年、2016年可以出版的诗，在今天可能不行了。我的心态也发生了变化。以前做事情会想得更简单，更鲁莽，但是现在会权衡，考虑做这件事的有效性。听上去有点悲哀，但悲哀的背后是为了保持更大的可能性发生。

拿我自己来说，我从一个更偏向自我、内向性的诗人，变成了真正跟现实生活产生冲突和摩擦的诗人。这是在打开视野。虽然我承受了很多，但也给我带来了理性和成熟。不是有句话是"以史鉴今"吗？我现在的感受反倒是"以今见史"。通过这几年的社会生活，我也能更加深刻地读懂历史了。

我看见了，思考了，用创作回应了，这对于诗人的自我是一种丰富，一种成长，是内心的变化。创作题材的变化，对我来说一定是好事。我不想只做那种狭窄的、在自己的书房或者卧室里创作的诗人，当然，也不想做喊口号的、传声筒似的诗人。我想要做一种更加坚强的诗人。

经历过现实生活的冲击，再回到自我的感情世界、内心世界，我希望变得更坚强。诗人和诗歌是互相滋补的关系。我用我的真心养了诗，诗就长大了，同时诗也变成了我吃进来的东西，我也长大了。

三明治　　创作和个人生活状态也有关系，这几年你好像更稳定了，这会不会对创作也有影响？

里　所　　我确实变得比十年前稳定和安全了，但也只是在某一种可比较的限度里。其实我每一天都在面临新的危险和不安全感。因为每天都是新的生活，每天都有新的问题，那些刺激我写诗的东西永远都是新的。从基本的生存处境来看，随着年龄的增长，我可能多具备了一些智慧，可以更从容地处理很多问题，但同时我的人生总是进入到未知的阶段，总是有我没有面临过的东西出现，比如身体的变化、疾病、情感、身边发生的死亡等等。这些是新的恐惧。如果让我在十几二十几岁的时候面临这些，可能整个人就崩溃了，没办法承受。但是我今天面对这些的时候，好像简单多了。

三明治　　你自己的世界里比较难面对的是什么？

里　所　　这几年我遇到的都不是那种很实际的困难，好像没有具体的坎。最难面对的反而是自己的心。我有很多作品在探讨情感、两性关系，这部分依然是需要去解决和面对的问题，它们依然充满未知性，需要我不停思考，拿出所有智慧去处理。另一个是如何面对自我，或者说哪一个自我才是我最想找到和活出来的？日常生活中有一定的委曲求全，有时候我不由自主地带上伪装，但是一步步走到现在，我越来越想把它们都抛弃掉，以更真实的自我去生活。但当我真的能看透一切，感到一切都让我没有负担的时候，我又会觉得人生失去了很多挣扎和冲突。没有挣扎和冲突的话，创作会变得非常匮乏。所以，一方面我想要更好的、更完整的自我，一方面又觉得有漏洞、有残缺的自我才是更美的……这种内部的冲突，在我身上还是存在着。

三明治　你创作的时候，一般是在什么样的自我状态下？

里　所　有很多诗是顺其自然就写出来的。可以写得很快，几分钟内完成，自己也很亢奋和激越。写完也觉得畅快。还有一种情况是，事情过去很久经过自己不断反刍，才写下来的。比如《氟斑牙少女》是在回忆我初中时暗恋的一个化学老师，里面重现了一个少女对爱的渴望，以及她内心的冲撞和委屈。那首诗不是立马写下来的。我一直在回忆：为什么在那个时候我会有这种心态？为什么会以这种方式渴望爱和别人的目光？过去很多年我都带着那种思维方式在生活，现在我开始反思，当我又被情感困住的时候，我就会一直想小时候那件事，想了很久，忽然有一天把它写下来了。

三明治　你诗里写到的"我"，大多数是你自己吗？

里　所　可以这样理解，我不会反驳。我也写小说，小说里的"我"就不是真实的我，而是一个叙述者。但我的诗歌中的"我"，大多时候真的就是我。

写诗是自我重构的过程，我不排斥虚构手法。比如我会写很多梦,梦境里的一部分,我醒来可能就忘记了,但当我想要把它记下来,一定就要对梦的内容进行二次加工。这样的诗里,"我"遇到的事不一定全是如实发生的,但一定有我的经历和影子。

现实和文字之间有一个切换的过程,经过转化,一切就真真假假。诗歌要求真,不是指如实"复制粘贴"自己的生活,而是说它反映的一定要符合某种真实存在过的情感浓度,符合某种人性,某种美。

三明治　你身边的诗人朋友,或者差不多时期来北京的创作者,大家对生活的期待都是什么样子的?

里　所　我的同学和同龄朋友里,写诗的人不多。有一个写小说的朋友,孙一圣,十年前我们是同事,现在他是职业小说家。他觉得在北京写作更好,思想会获得更大的自由,回到老家,看似生活成本低了,但容易陷进传统家庭思维里。在这个层面上我也是赞同的。

在北京,我们一躲进自己的家,就切断了跟外界的信号连接。人和人的关系是以个体为单位的。如果回到故乡所在的城市,它是以家庭为单位的,那就很难切断。可能这也是精神上更独立的人愿意离家远一点的原因。因为获得了家里的安全感、家庭的保护,同时也很容易失去精神上的自我和自由。

三明治　在大城市还有一方面,诗歌好像更容易变成文化的"符号"。我经常去到各种书店、咖啡厅、小酒馆,它们会贴各种各样的诗在墙上,好像只有这样,诗才能得到更好的传播?

里　所　诗歌在大众眼里，有各种各样的形态，有可能是粗粝的、扎人的，让人觉得不舒服的，也有可能是唯美的、有文艺腔调的，如果更多人能从诗歌里得到快乐，我想这是好事，所以欢迎大家都来读诗，关注诗歌。但我非常警惕把诗歌标签化、符号化，诗歌本质上不需要那么多读者，就让诗歌自己安安静静地待着，挺好的。

在这个功利主义膨胀的时代,一个人因为心灵的苦刑而无法成为合格的"齿轮",当是一桩幸事,一次让生命获自由、得释放的机会。

李静:不让你创作,你会不会难受得要死?

撰文
渡水崖

side A

"他（王小波）挺跨性别的，……我觉得他好像当过女人。"读了一段《黄金时代》里王小波对女主角陈清扬的心理描写，李静这样对苗炜说——他们当时在录一期关于王小波七十周年诞辰的播客。

两人是北京师范大学中文系的师兄妹，后来相继进入文化传媒行业，与王小波都是旧识。苗炜人称苗师傅，近媒体，活跃，李静微博名李摩诘，近剧场，人更隐遁。"摩诘"是唐代诗人王维的字，如果不认识她，容易把这个名字和男性联系在一起。

2022年12月，我在北京一场文学活动上第一次见到李静。她与作家止庵对坐，黑衣黑裤黑靴，头发很短，像上野千鹤子。关于"写作的未来"，她用特别轻柔平缓的语气，说了些锋利的话。后来的几次现身也看起来像那种可以被形容为"酷""先锋"的女性知识分子。

与她探讨性别观近乎本能。

我上来就问，为何在早期的写作中自称"女少年"，而不是"少女"，李静挺高兴，感叹"现在女孩子的女性意识真的很普遍和强烈了"；而当我谈到如何与男性同行平等对话，她严肃起来："'真理'和'话语权'不是一回事，真理不是争出来的，也不是由话语权更多的那一方来定义的。只要自由诚实地追寻真理，就是平等对话了。女权主义一旦过于强调'话语权'的争夺和斗争，可能就来到了比较危险的阶段。"

20世纪90年代有世界妇女大会、女性文学热，王小波的写作刚有起色，已显出十足的坦率。他反驳女性文学代表作家陈染的观点，说文学创作不是权力斗争的领域，要警惕文化相对主义。李静那年20多岁，在完成一场对李银河的采访后，与王小波结识，成为他最年轻的编辑。他们会在电话里、偶尔的见面中聊一聊文学和文化现象，因观点的非主流性质，颇有"地下接头"的气氛。

文学史像一个圈，性别观也好，文化现象也罢，隐约有阴云密布、撕裂的趋势，好像"生活里长久坐落着一座灰火山"。

在李静的青年时代，王小波是那道光。虽然它很快消失于1997年的春天。20多年后，李静在剧本《秦国喜剧》里写了一个"菜人"，那是王小波在世时自己未能成功帮他发表的《红拂夜奔》中的一个细节：隋炀帝在位时，常在洛阳城外招募"菜人"，应募者可以从城外搬到城里住些日子，有吃有喝有房住。等养得肥胖，皇帝大宴各国使节时，就拿他们招待食人生番。"菜人"作为戏剧的种子在《秦国喜剧》里发芽，长大。

"批判与反思，和爱与肯定一样，是信心的产物。"李静说。王小波的大半生在抑郁中度过，创作中却始终有爱、自由、智慧和创造力在流动。作为思考方式上的同道中人，或许她可以给出一种回答——一个对自己和世界失去过信心的人，怎么才能重建信心呢？

北师大中文系（现文学院），是北京文学地图的一个锚点。莫言和余华当年都是北师大作家班学员，两人是舍友。李静研究生毕业时，还与钟敬文、启功先生合了影。

她是刘锡庆的学生，后者是20世纪80年代最有名望的学者之一。在他那里，文学青年身上的抑郁气质总有可取之处：敏感、锐利、真、有才气……李静的研究方向是在老师家的餐桌上定下的。后来在同一张桌上,她学到的却是应该离开象牙塔,去第一现场。当时,老师一边嚼京酱肉丝,一边笑眯眯地说,"搞文学就得有点'异端精神',平庸是最大的不道德"。那时,她不知道秉持"异端精神"是要付代价的。

摆脱了"学院气",还有"文坛气"。20世纪90年代的文坛充满了解构者的哄笑声,一个向往严肃、认真、干净的人,似乎总是不对的,不合时宜的。她问另一位老师、诗人任洪渊:在哄笑声中,当如何自处?任老师的意思是:时代喧嚣,唯有忍耐,不期待"分食"的光荣。

研究生毕业后的四年里,李静在《北京文学》当编辑。编辑是创作者的伯乐,既考察功底,也倚赖直觉,幸福感在于发现:"这个人的价值,你们还不知道,但是我知道。"后来写评论,她会强调作家们不被主流文坛珍视的文学特质,如木心的写作,从微观边缘处落笔,呈现人微妙难言的心灵角落。

成为评论家,是从"批评"王安忆开始的。李静的一位学妹作家提到那篇引发文坛瞩目的文章《不冒险的旅程》,称赞她的大胆、善意,但"批评得太准确了,所以特别不被待见"。李静评论过很多大作家,从不否认其中隐含着自己的价值观,也不怕得罪人。如今她不再以"冒犯"作家为业,却仍不失辛辣的风格,看完春节档某部电影会直呼吃了"大便馅儿的冰激凌"。

或许在大众印象中,批评属于骁勇者,但生活里的李静其实是另一副样子。她读书时会哭会大笑。当年的小女孩有点自卑,不"接地气",十分渴望安定。表面的安定之下,又无时不颠簸着一个人的波涛汹涌。英国浪漫派诗人赞美人类的心灵有着"更神妙的材质与织体",

"比其居住的大地美妙千百倍"，她深表赞同，同时她深知这心灵也比大地"可怕"千百倍。

消极悲观的种子从青春期就种下了。后来她遇见的朋友、师长，要么也是如此，要么会告诉她不那么乐观积极也无妨。在一条相对自由的职业道路上，她终于建造起自己的精神空间，并以祝福的目光持续观照当下。李静珍视痛苦的经历，她认为只要不因此变得冷漠，那就会生成写作者必备的反思性智慧。

"请珍惜你的痛苦经验，"李静说，"在这个功利主义膨胀的时代，一个人因为心灵的苦刑而无法成为合格的'齿轮'，当是一桩幸事，一次让生命获自由、得释放的机会。"

2009年，李静开始写剧本。可以说是一种职业路径的自然过渡，也是对个人理想的重新寻回。从大学读中文系开始，她的目标就是创作，但耽于内心的"警察"太多：是否要读很多书，才能开始动笔？生活经验不足，是否可以动笔？笔下的方向是应该往左、朝右，还是中立？

后来她总算能做到，挪开给自己和他人定罪的目光，仰望"世界之外的一个点"。这话引自存在主义哲学家克尔凯郭尔，他相信哲学的起点是个人，终点是上帝。李静找到了信仰。在这一点上，她写过自己在任洪渊老师面前的"尴尬和隔膜"，因他是坚定的人文主义者。

李静和师长一直关系很好，戏的首演总邀他们去看。《大先生》始于与戏剧导演林兆华的电话，三万字的剧本写了三年，一半时间用来读书，一半时间用来创作新的东西。她创造了一个关于鲁迅的新叙事：先生临终前，与母亲鲁瑞、二弟周作人、妻子朱安、伴侣许广平等重新对话。耐人寻味的是，几位关键的女性角色，是由同一位演员在更迭面具。

近几年，网络上关于鲁迅的二次创作很多，李静觉得这种共鸣的基础是，年轻人现在更理解了过去的鲁迅在说什么。虽然这有点悲哀，却"可能孕育着更大的希望"。陈丹青说过，鲁迅内心黑暗，李静一定也是。这不是玩笑话。体验过黑暗及其笼罩带来的痛苦，才能同时书写光与暗。

对自身性格蛮有张力的李静来说，戏剧是对话，而非独白，是与外界交流的更好的界面。戏剧能调动她内在更多的能量。导演、演员、观众的反应，直接映在她的眼中。《秦国喜剧》如其名，把一出喜剧流行的背景放置在了古代，秦王得知此剧有"毒"，勒令作者修改剧本。这种"穿越"风格和鲁迅的《故事新编》、王小波的《红拂夜奔》一脉相承，李静也在发挥后现代创作的想象力。

《秦国喜剧》的片段在欧洲演出，由中国青年导演王晓鑫执导，两位德国演员和一位美国演员演出。这是中西方戏剧创作者一次小小的观念碰撞，也让她更多维地思考戏剧观念问题。对于国内一些有先锋艺术色彩、但不太容易被观众看懂的新戏，她回应说，创作者应该在继承"形式遗产"的基础上，自由、深刻、有机地融入自己的生命体验。这不仅是戏剧，也是所有类型的创作变得更好的前提。

2021年底，李静写完了《戎夷之衣》。这也是一个发生在古代的故事，记在《吕氏春秋》里：国士戎夷在寒冷的冬夜，把唯一的棉衣让给了品行可疑的弟子，让他活下来，自己冻死了。但创作触发点是当代的：关于"江歌案"里刘鑫的所言所行，和作家刘慈欣与江晓原的一场"辩论"——假如世界末日到来，携带着全部人类文明的两个人必须吃人才能存活，要不要吃？这又像是一个新时代的鲁迅式叩问，每个人会有自己的答案。李静把自己的答案放进了写作中。

side B

三明治　你在北京生活多年，在这里结交过不少文艺创作者和工作者，从王小波那一代到当下这一代，是否有观察到什么样的代际变化？作为一座文化中心城市，北京是否真的存在一条从事文艺更好的出路？

李　静　虽然作家都是单个的，每个人都不相同，但代际变化的确是有的。我感到最醒目的一点，就是自我意识和精神气质的变化。王小波这代50后作家，个体自我和家国体制之间有一种自觉而强烈的张力，即便直书"小我"，也有"大写"的特征，自带"庞然大物"的背景。从70后作家开始，直至80后、90后，自我与庞然大物之间的张力模式开始弱化，乃至消隐（有的是"真隐"，有的是"假隐"），自我形象日益微观、时尚、柔和、纤细。作品的音色变化亦是如此。

在北京从事文艺，目前的确有些硬件优势。这里的剧场、美术馆、博物馆、出版社、杂志社、传统媒体、新媒体更密集，机会更多，创作者也更多，更易建立直接的、人格化的关系。但这优势并不绝对——网络时代了，创作者获取学习资源和精神交流的途径更多元。对创作者来说，最重要的是对生命经验的独特感受力和表达力，以及广阔而独到的眼界，这却不受地域限制。

三明治　你曾"受困于写作与行动之间的矛盾",但后来还是做了不少创作。如今很多人有志于创作,但觉得自己没有能力,进而没有勇气,如何对抗这种巨大的怀疑和自我不确信?同时很多人已经在写作,却觉得自己没有天赋和才华,天赋和才华,究竟是不是一种能成立的评判标准?

李　静　如果一个人想要走创作的路,需要回答一个问题:假如你既不缺钱,也不缺体面,可就是不让你创作,你会不会难受得要死?如果不会,那么你就不必创作,你满可以在其他道路上寻求金钱和体面。如果你的回答是"会",真的会难受得要死,那么你就去创作。当然,你要为自己答案的真实性负责。写作是最需要天赋和才华的行当——你对语言的热爱与敏感,你的感受力和想象力的独特与丰富,都有迹可循。因此,我反对在写作领域上演"心想事必成"的励志片。但写作者仅有天赋和才华是不够的,他还要有一副永不冷却的心肠——不只体贴自己,还体贴世界与他人;不只体贴平坦光滑的表面,还体贴奥秘崎岖的内面。

不要把"是否应当写作"的评判权交给外部权威,不要寄希望于环境的友好,也不要归罪于环境的不友好。若你是打不死的小强,且随着写作经验的积累越写越好,那你就坚定地写作吧。

三明治　用"无用的爱好"赚钱,和抛弃无用的爱好、"绞尽脑汁赚点额外的小钱",你似乎在这两者之间做过一些权衡,后来的结论是什么？

李　静　经历半生，我的结论是：凡只是为了赚钱而做的事，最后很难赚到钱；凡没怎么考虑钱，只为了某个有点意义的精神目标而做的事，多多少少都能获益。人是为意义和自由而受造，只要为这个目的去活，"赚钱"无论多少，一定够用。

三明治　作为女性学者、编辑、文学评论者，你在使用的语言、思辨的视角等方面，是否曾觉得自己与男性同行有何不同之处？在一些不擅长或不够有发言权的领域，应该以什么样的心态，尽量真实地表达，与男性老师们（尤其是长者）进行平等的对话呢？

李　静　必须承认，我很少从性别角度看待自己和同行。不是没感到自己和男性作家的不同，而是不知在写作中确认性别差异并将这种差异自觉化，究竟意义何在。

在写作上，有关性别的个人体验是：我与王小波和木心在思维方式上的共振，要强于跟张爱玲和萧红；和 C.S. 路易斯的默契，要强于和弗吉尼亚·伍尔夫。而有些男作家则与我相反：他们对张爱玲、萧红和弗吉尼亚·伍尔夫的认同，远远强于以上所列三位男作家。每个作家所选择的文学导师、他的语言风格和思维方式，是他的天赋特质和后天境遇决定的，这里可能有性别因素，但它不一定是决定性因素。

对自己不擅长、没有发言权的领域，我觉得应真实谦逊，尽量不说话，若必须说，也只能充当诚实的发问者。不只是女性作家应当如此，男性作家也同样。知识和创作的领域是寻求真理之地，而非权力相争之所——即使和性别有关的探讨，也是如此。

20世纪下半叶以来，后现代主义的斗争哲学大行其道，不承认存在"客观真理"，而认为谁有权谁就可以定义"真理"，因此话语权、一切权，都要争。这是混淆黑白的文化相对主义。女权主义从最初朴素的为弱势妇女争权益，到现在成为文化相对主义大军里的有力一员，正在经历一个新的阶段。

三明治 您在播客[①]里提到，创作者最好不要做评论，批评家尽量不要和作家做朋友，但作家、评论家的身份边界似乎越来越模糊了，大家难以各司其职，很多人带着创作的理想，先从相关工作做起，如出版编辑、文化评论者、撰稿人。在有限的选择空间内，这样是否是一条可行的成长路径？若创作者想从评论开始，应该有哪些稍高的自我要求？

李　静 当然可行。许多大作家就是这样做起来的。创作者若想从评论开始，可能他的确需要做些功课。比如，在阅读装备上，最好有点有面地阅读，对中外文学史和相关代表性的作家作品，先通读，形成一张可供俯瞰、能将评论对象安放在"对的位置"的文学地图。遇见与自己极其契合的作家，去精读，偷艺。同时，对西方诗性的精神哲学和一些富有文体意识的古今中外批评家作品，当有足够的阅读，这有助于形成精神的骨骼和穿透力。也许是一种偏见：我不太推荐过度系统化、"科学化"的哲学和文论著作，这对形成文学的眼力没有太

---

① 《螺丝在拧紧》对话李静：如果没有爱，其实也没有批评

多帮助。

一个人以创作之心开始批评写作，最重要的是谨守艺术良心的公正。因此，看起来更理想的批评对象是外国作家作品——既可学艺，又不必因人情而纠结。但是，没有历史定论背书的本土原创作品，对批评者的眼力和德性更是一种考验，那种难度的诱惑也相当迷人。

先批评后创作的好处是：你在创作之初，就有了高度综合与精神提纯的能力，你的题材和主题可能更"硬核"，更复杂，更有力量。

三明治　　大家都在重读鲁迅，网络上关于鲁迅的二次创作风靡，但你认为20多岁的孩子的痛苦与他的不同，那么这样多的"共鸣"到底是来自哪里？

李　静　　写"思絮"[①]的时候，是2010年前后，主要观察对象是当时大范围弥漫社会的物质主义、消费主义、拜金主义氛围，以及绝大多数青年人对物欲的饥渴表达，爱心与同理心的匮乏。那时，表面上更适合思考"美丽新世界"问题，而非"1984"问题；作为精神资源的鲁迅，却更适合观照后者，这是我当时感到的极大错位。同时我也意识到，此地的特别之处在于：恰恰是"1984"之手营造了"美丽新世界"。

现在是2023年，青年人主力军已换成90后、00后，他们正在面临新问题，或者说貌似新的老问题——"美丽新世界"的面具被慢慢揭去了，青年人越发理解鲁迅在说什么。

---

① 《必须冒犯观众》：关于鲁迅的几条思絮。

这是共鸣的来源，也是现实的悲哀之处。但也可能孕育着更大的希望与觉醒。

三明治　关于鲁迅与朱西甯，你称前者的写作中有对"爱—牺牲—救赎"的怀疑，而后者是给予一条"爱、肯定和信心的道路"[1]。这与你另一篇文章里提到的"现在到了'信心的形而上学'取代'绝望的形而上学'的时候"可以联系在一起。但现实似乎是，很多人把高度凝练的批判与反思置于最高位，而非温润人心的作品，这是否有新一代创作者信心、动力不足的原因？在你的阅读序列里，是否还有类似作家朱西甯[2]这样被忽视、低估了的抚慰性力量的小说，能否推荐一些？

李　静　你提到了信心，这可能是人类最重要的一种热能。人都是靠信心活着，关键在于这信心的对象是什么，它扎根在什么地方。若扎根在意义和自由的水泉旁，人就能获得真实的信心——无论爱与肯定，还是批判与反思，都是信心的产物，二者并不矛盾。用玛丽·弗兰纳里·奥康纳[3]的话说："去观察最糟糕的事物只不过是对上帝的一种信任。"但那种对"得救"毫无认知和信心的批判与反思，由于全然出自否定性的精神，便只是苦毒、绝望、躁动的症候而已。我们可以出于了解人性真相和写作艺术的目的来阅读这样的作品，只是阅

---

[1]《捕风记》：他让我们久违地想起"重要的事物"。
[2] 朱西甯（1926—1998），当代作家。原名朱青海。原籍山东临朐，生于江苏宿迁。自幼爱好文学，坚持写作，与段彩华、司马中原一起被誉为"凤山三剑客"，在台湾文坛有独特地位。
[3] 美国小说家、评论家，美国文学的重要代言人。

读之前需穿上信心与祝福的军装，免得被侵蚀裹挟进绝望的陷阱。

带有抚慰性力量的小说，恐怕不是那种"有着光明结尾"的小说，而是在真实信心的光照下，放胆呈现人性的光辉与罪性的小说。我推荐康拉德的小说集《青春》，C. S. 路易斯的《魔鬼家书》《裸颜》"太空三部曲"（他最众所周知的是《纳尼亚传奇》），弗兰纳里·奥康纳的小说集《好人难寻》，约瑟夫·罗特的《约伯记》，远藤周作的《沉默》《深河》，切斯特顿的《布朗神父探案集》，凯伦·布里克森的小说集《命运轶事》《七个奇幻的故事》《冬天的故事》，中文小说，沈从文的大部分作品都有宁静诗意的力量，还有你提到的朱西甯的作品。

三明治 你写过木心喜欢用典①，曾有一篇论文在探讨木心文学创作中的"文本再生"②现象，导致很多人说木心"抄袭"，对他表示"失望"，你对此持什么样的态度？

李　静 对木心"文本再生"与"抄袭"的指控,是依据了这样的事实：木心的一些作品，明显是对他人作品片段的挪用与改写（程度不同地），其中以诗集《伪所罗门书》最为典型——全部诗作，皆来自他人作品。

这是否当被认定为"抄袭"？若如此,也当认定杜尚的《泉》《带胡须的蒙娜丽莎》、安迪·沃霍尔的《玛丽莲·梦露》《金

---

① 《捕风记》乙辑："你是含苞欲放的哲学家"。
② 以经典作为原材料进行改写，形成自己的作品。

宝罐头汤》等作亦是抄袭,小便池生产厂家、达·芬奇的研究者、电影《飞瀑欲潮》宣传照的拍摄者、金宝汤罐头厂,当联名控告这两个欺世盗名的艺术家。

在当代艺术领域,艺术家以他人作品、产品为材料,以自己的主题、创意为驱力,在自己选择的媒介上加以创造性改造而为自己的作品,已是普遍的创作方法。既是画家又是文学家的木心将此创作方式移用于文学写作,许志强教授将这部分作品命名为"后制品"写作,我认为是非常恰当的。

可否使用"查重"这一机械手段,来判断一部文学作品是独立作品还是抄袭?我认为不行。决定一部文学作品之为独立作品的,不在于它的语句全是作家"原创",而在于别的。

在此可以举一个相反的例子:几年前,某报约我一篇评论,不久,编辑以一个无比歉疚的理由退稿了。但几个月后,我发现该报一篇陌生署名文章,所有论点、论证、举例都与我的退稿相同,只有一点不同:语言——所有句子都是"原创"的。可它确实是一篇"完美"的观点复述。此事的追究与我们的主题无关,从略。

那么,作品的"合法性""独立性"在于什么呢?——主题、文体、结构、氛围、风格的创造性。作家使用了他人的文本,却在自己的主题驱动之下重新组合、拼贴、改写,形成与该主题血肉相契的结构,令那些被选择的文本片段,"重生"出他独有的文体与风格,散发独属于他的语言、精神氛围,这就是独立作品。

木心是语言魔术大师,言语含蓄,点到即止。以《伪所罗门书》为例,在题记里,他就宣布这是一本将他人文句点化成诗的诗集，他并未、也不打算将其伪装成每一篇每一句都是"原创"的作品。这是典型的"后制品"写作，作者将他所取的每一文本（几乎全部是西方小说里的个别句段），作为自我生命片段、境遇、内心感受的移译与譬喻——所谓"不期然而然的个人成长史"。我只能概括地说，每一辑里的每一首都是作者内在生命瞬间的譬喻性凝结。这是典型"六经注我"式的写作，其中的心思，精微，敏感，宏大。《伪所罗门书》里的诗作与原文本之间的关系如何，木心将此文本如何转化，在语言、文体、结构、氛围上有何创造性作为，以及由此而来的诗作所传递的意味为何……若详尽分析下来，恐怕要写一本小册子。

因此，我认为与其说木心的这种写作是"文本再生"，不如说它是"文本重生"——句子还能认出是哪儿来的句子，但它们在一个新的文体、主题和结构中，已重生成别样的生命。如何评价木心的这种"文本重生"写作，我推荐大家读许志强教授的一篇访谈《"点铁成金"与木心的"后制品"写作》，以及童明教授的论文《文学虚构中的互文现象——兼论对木心"非原创"和"抄袭"的指责》，我的表达不会比他们更专业。

三明治　对儿童文学创作者而言，构建童话世界与现实世界的边界在哪里？如今，很多人对有艺术探索但不够"治愈"的内容创作接受度不高，审核上也不容易，这种难度下，如何展示"真实的弱点和阴影"？

李　静　儿童文学创作者恐怕需要遵循"诚实"和"理想主义"的双

重法则——这既不是惧怕诚实的伪理想主义，又不是自以为"诚实"但失去了救赎、祝福、理想主义的纯暗黑心理。正如德国心理学家阿尔诺·格鲁恩所说，应避免孩子受到过强过多的刺激，"以支持孩子发现内心和外部新事物的愿望"；同时，也不能取消对孩子们"温和的刺激"，因为"所有生命都有面对温和刺激的能力"，"决定生命进化的恰恰是温和的刺激和接受这些刺激，而不是回避具有干扰性的刺激"。因此，在爱与祝福的理想主义底色下，以涓涓细流的方式向孩子们呈现世界和人性的真相，释放"温和的刺激"，是非常必要的。

三明治　国内有些流行、相对大众的戏剧作品，似乎朝着一个先锋的方向发展，我个人的观感是很美、很有艺术性，但被"符号"堆砌，具体在表达什么看不太懂，是什么造成了这种现象呢？

李　静　不太懂，有时是观众艺术准备不足的问题，有时是创作者艺术表达不力的问题。我作为戏剧写作者，更愿意从创作一方来检讨。19世纪末到现在，西方现代主义、后现代主义戏剧积累了太多艺术形式的遗产——包括你说的"符号"，用以表达分裂、绝望的世界观。中国当代戏剧继承了不少这种"形式遗产"，但并未能自由、深刻、有机地融入自己的生命体验，就会出现你说的这种问题。

三明治　你认为在苦难过后，如何重建生活的秩序和对生活的信心？

李　静　苦难里有一个意义，就是提醒我们：那些曾赖以成为生命根基、肉眼可见的健康、财产、成就感、安全感，在疾病和死亡面前是多么不堪一击；生命只有建立在虽然不可见、却不朽坏的意义根基上，才能安稳。

如何重建生活的秩序和信心呢？就是，你一定要对"秩序和信心"有信心。我们从自己的经历和历史书中就能看到，与疾病相比，健康是常态；与战争相比，和平是常态；与混乱相比，秩序是常态……我们总是觉得罪恶与黑暗、死亡与疾病才算数，善良与光明、生命与医治不算数。既然世界的终局并未来到，至少我们可以选择对哪边有信心。反正我选择光明与生命这边。

戏剧性并不只存于剧场中,它潜伏在所有看似平常的日常罅隙里。每个个体内部的人性剧场,仿若果壳中的宇宙。一个个具体的人,在具体的生活中饮水、吃饭、爱恋、憎恨,有所渴望或有所恐惧,这些构成了"人的戏剧"。

朱宜:写小说之后,我发现其实做编剧才是孤独的

撰文
李侬蔓

side
A

在纽约工作生活的编剧朱宜，2021年第一次尝试写小说。第一篇《凤凰》发表在《T》，一个女孩在大年初一被狗咬了一口。第二篇《发肤》刊在《小说界》，更像"小说"的样子，女主角叫明，在故事的开场想要烫发、染发加保养，却被发型师说服把一头长发剪得极短，然后神奇的事情发生了。小说的灵感，来自朱宜回国时剪了一个"傻头"的经历。

过往朱宜创作的作品类型主要是戏剧剧本，比如由鼓楼西剧场制作、丁一滕导演的《我是月亮》，是朱宜十年前在哥伦比亚大学编剧MFA的毕业作品。

对非戏剧专业的普通读者来说，很少人会主动阅读剧本。我们走进剧场所看到的现场作品，是经过编剧、导演、演员，以及灯光、舞美、音乐老师等等不同创作者共同工作后的状态，是和文本完全不同的呈现形态。很多情况下观众看一出戏剧，可能会更关注导演或演员，却不一定看得见编剧，更不要提去找来源头的剧本看。看看有明星出演的剧目的卖票速度，以及演出结束后剧场门口聚集的粉丝就知道了。

想看剧本的另一个困难之处在于，鲜有剧本作品集出版，尤其是当代青年编剧的作品。戏剧剧本作为一种文学体裁，在公众阅读领域的可见度远不如小说甚至诗歌，出版社提报选题时，也很少会涉及"剧本"这个类型。

从出版的角度说,朱宜是幸运的。

2021年10月,朱宜的第一部中文剧作集《我是月亮》在译林出版社出版,收录了包含《我是月亮》在内的六个剧本。同被收入这本剧作集的短剧《哥本哈根动物园里一头年轻健康的长颈鹿安乐死了》《车祸》《蜂蜇》,选自她于2015年在美国出版的英文短剧集 *Alien of Extraordinary Ability*(杰出人才)。这本剧集的名字,源于朱宜对自己"从0到1"签证申请经历的反思和反讽。这类签证需要申请者源源不断地提供证据,以证明自己是在科学、艺术、教育、商业、体育界、电影电视业之中的某一领域拥有杰出才能的外籍人士(Alien)。Alien这个词也有外星人的意思。

什么是"杰出技能",什么又是"普通技能"?一个人要如何证明自己拥有"杰出技能",是一名"杰出人才"?那得拿出自己的过往作品,或附上来自行业资深人士的推荐信。但当你被要求提供来自行业内资深人士的推荐信时,你也许还需要再证明这位资深人士确实可以称得上是"杰出人才","鸡生蛋蛋生鸡"的证明序列可以一直延续下去。

出于政策需求,一群很可能没有相关领域专业知识的移民官员,对一个个体无法量化的能力、天赋或才华进行评判,本身就是一件荒谬的事。如同在现实生活中,个体在很多时候都并不是被当作"人"本身被看待,而是一件工具,一个素材,或者一个被评判的客观对象。

是否达到某种标准,符合某种期待。

毕业于南京大学戏文专业、在哥大完成三年的编剧MFA学习后,朱宜选择留在纽约继续剧本创作,她的剧本大部分用英文写作,包括在国内不同城市巡演的《我是月亮》,中译本由其他译者完成。

对一个创作者来说,翻译自己的作品某种意义上是一种重复劳动。

如果去读朱宜的剧本,你很难在不同作品中捕捉到连续的创作主题,或者统一的类型风格。按照她的说法,她也不知道自己的风格是什么,"我没有那么强的自我意识,要找'我是谁'"。

但你仍然可以在不同的文本之中,捕捉到一些微妙的共通之处。

《特洛马克》改编于希腊神话里奥德赛的故事。奥德赛久战未归,家中只有王后佩内洛普、王子特洛马克。故事沿着佩内洛普等待丈夫,以及特洛马克寻找父亲的轴线铺开,但个体的情感和欲望层层解构着神话宏大叙事的躯壳。

《杂音》的故事开头,一个在美国学习表演的中国女孩谎称自己是一名被抛弃的孤儿,进而得到了演出工作的机会。一位生活在美国的中国编剧,用政治议题来创作,是否想要站在某一边立场进行批判?但故事继续推进下去,你会发现"政治立场"的预设是何其脆弱。为女孩谎言买单的制作人其实并不在意她身世的真假,能够成为戏的宣传卖点就行;女孩所仰慕的编剧,知晓如何创作在市场上受欢迎的剧本,和所谓梦想没有太大关联;就在戏即将上演的前夕,女孩的父母提着现金来到美国,想要给女儿买一套房子,却意外发现女儿的谎言……

在朱宜的剧本里,可以看到很多具体的人,哪怕原本是神话人物。意识形态、政治立场、家国天下,这些概念在一些时候是一些人华丽的假面,会让其本人及旁观者忽视内在更真实的复杂层面。因此,当面具被挑开、真相被摊开时,可能会让观者感到荒谬和无所适从。一位在纽约看了《杂音》的观众评论,看完这出戏,中国观众和美国观众都闹不太清楚,这个戏到底是不是在"骂"自己。

朱宜这样认知自己的角色:"作为一个编剧,我唯一感兴趣,也是唯一能做的，就是以个体的身份讲述'人'的故事。"

戏剧性并不只存于剧场中，它潜伏在所有看似平常的日常罅隙里。每个个体内部的人性剧场，仿若果壳中的宇宙。一个个具体的人，在具体的生活中饮水、吃饭、爱恋、憎恨，有所渴望或有所恐惧，这些构成了"人的戏剧"。"人"的立场有终极的正当性。

2020年3月12日，美国百老汇宣布所有剧院关停，没有人料到原计划30天的停摆政策持续了整整一年。不仅是百老汇，在这场波及全球演出行业的震荡中，剧场无法运营，剧目不能上演，导演、演员、制作人……演出链条之中的各个职业都受到严重影响，因为项目暂停或取消而被迫失业。

但朱宜却没觉得自己受到太大影响。编剧这个职业，本来大部分时间都需要独立创作，在家写作或者去咖啡馆写作，只是工作地点习惯的差别。

这期间不仅工作没有停滞，朱宜还接到了许多线上戏剧创作的邀约。在 *24 Hour Play's: Viral Monologues* 中，朱宜和另外十几位编剧在24小时之内根据指定题目进行创作，再由演员在家排练、表演、录制，完成后的视频会对公众呈现。爱尔兰国家剧院 Abby Theatre 邀请朱宜写的一则短剧，竟然在剧院线上播放了六个月。*Long Distance Affair* 则是一个互动式的，从排练到演出全在 Zoom 上完成的创作，来自马德里、新加坡、巴黎、纽约、伦敦、迈阿密等多个城市的演员最后将在自己的家里完成演出，演出对外售票。

朱宜甚至接到创作一个可以由任何人在家中朗读或排演的剧本的委托，写了 *A Play for Your Bedroom*，关于一对情侣在床上对话的爱情故事。按照朱宜的说法，"这个戏不是给观众看的，而是供表演者本人体验过程的"。在保持并尊重剧本完整性和编剧署名的前提下，任何人都可以在 play a thome 官网免费下载并排演这出戏。

但接了四五个线上创作的"单子"之后,朱宜开始觉得有些疲劳。一方面,委托的要求有些重复,另一方面,线上戏剧虽然有其独特性,但和现场表演还是不一样,很难像线下演出那样快速抓住观众的注意力。在线上戏剧和美剧之间,观众也许会更倾向去看情节紧张的美剧。

听起来也许有些奇怪,想要尝试做美剧编剧,是朱宜开始在戏剧剧本之外尝试写小说的原因之一。我们和想要为美剧写剧本,而试着写小说的戏剧编剧朱宜,聊了聊文学和创作,以及在不同的创作中切换是怎样的感受。

side B

作为一个编剧尝试写小说，是什么感觉？

三明治　《发肤》这篇小说是什么时候写完的？写了多久？

朱　宜　编辑说五一假期结束之前要交稿，我是在假期结束之后才交。当时我还有点紧张，觉得编辑怎么不催稿，好恐怖，完了，他们是不要了吗？我的编辑说没见过比他们还急的作者。我们写剧本的，甲方不催你稿，是很恐怖的事情，会担心他们是不是跑路了，项目是不是黄了。

编辑 2021 年 1 月就跟我说了约稿。一二月我刚好剪完头发，就想到了这个题材，但大概是快到 deadline，也就是 4 月的时候，才开始坐下来认真构思。从认真构思到写完，大概两三个礼拜，很快。

三明治　所以不管什么创作都一定会压到 deadline 之前。

朱　宜　对，因为我大致知道我多久能写完。但也肯定不可能是 deadline 之前两三天才开始动笔。有些人给他三个月，他的三个月就是均匀铺开，每天固定写几页。但我不是这样的，我很难把灵感匀速分配。我喜欢留出充裕的时间，然后以冲刺的速度来写，因为我觉得这样写出来的东西节奏比较好。写之前我会在脑子里都想好，大致的框架和点，然后再开始动笔，所以我写完不会大改。

三明治　《发肤》算是严格意义上你的第二篇小说，第一篇应该是发在《T》的那一篇，关于一个女孩子扔东西，这两篇的灵感是不是都来源于生活中真实发生的事情？

朱　宜　对，其实我都不知道什么是小说，看过很多，但是真的写起来我并不知道这算不算，感觉是把生活里很多东西拼起来，"虚构"的东西不是特别多。所以我就觉得小说怎么这么方便，写起来好简单，像作弊一样。

三明治　写第二篇《发肤》的时候，有和编辑进行一些什么样的沟通吗？比如情节走向之类的。

朱　宜　编辑不管这些的，我也很意外。我就跟编辑开玩笑说，我是从写剧本这个行业过来的，戏剧影视行业里都是会改你剧本、要求你改剧本的甲方，我像是被"家暴"了很久，然后善心的领养人递给我一块饼，我吃的时候饼渣子掉在了地上，条件反射地用手挡着脸："不要打我！不要打我！"我就是这么跟编辑形容的。她说："我一把抱住你，往你嘴里塞，孩子吃吧，别饿坏了。"

文学杂志编辑给我的内容自由度很大，最多后期改改错别字或是标点符号，或者是把脏话粗话改成其他更隐晦的说法，但是故事走向是完全不管的。在创作的时候我们没有沟通，我写完之后发给编辑，问她这个是不是小说，她说是的。

三明治　　作为一个编剧尝试写小说，是什么感觉？

朱　宜　　夹议的，有一点像你在生活中有一些感想，走在路上你的脑海中出现了"弹幕"，都可以写进小说。而且小说是非常主观视角的，哪怕是第三人称。但是写剧本其实是一个非常不自然的事情，因为你要把所有的想法和感受外化成戏剧性强烈的、可以看到听到的东西。其实对感受是一种修改。所以对我来说，写小说是很舒服很解放的，但是小说要写得好，有它自己的难度在，需要非常细腻，而且是非常的私密，比剧本更加私密。

我以前听说有很多写作者会有个小本本，日常灵感都会记下来。但我写剧本的时候完全不会这样，因为每个剧本，一切都是为了它本身的剧情走向和人物塑造服务的，日常记录的点滴不太可能真的用上。但是写小说的时候，我就意识到好像这样的记录是蛮有用的，因为你记录下来的那种非常细腻私密、灵光一现的东西，是可以用到小说里的。小说你可以放进更多的细腻的、感受性的东西。

三明治　　能不能这么理解，比较细腻的、感受性的东西，对剧本来说可能会是"多"了，可能要拿掉的东西？

朱　宜　　不是多了。我一直记得王安忆说的一句话，她说一个作者不仅仅是要编故事，而且你要为你的故事找到最适合它的文体，每一个故事都有一个最适合它的形式，而你要去找到这个形式。所以我觉得适合剧本的故事和适合小说的故事，本质上是不同的故事，它们触动人的点是不一样的。所以不是"多"或者"少"，而是它们的性质、点就是不一样的。

"不打破"旧的模式会让我没有安全感

三明治　在你的剧本里，其实还是能够感觉到很细腻的东西，在人心很深很深处的一些东西。可能这也是为什么有人说你的剧本，比如你在哥大的毕业作品《我是月亮》，读起来很像小说，有大段大段的内心独白。

朱　宜　写《我是月亮》的时候，其实我非常有意地去写一个不那么像戏的戏，那个时候我在做试验，因为我觉得之前写的很多戏都太像"戏"了，我越来越不喜欢那种感觉。

就是一个你构造的世界一切都是那么的刚刚好，为了讲一个故事，所有的元素都合作起来，为它服务，你要设一个"不可能完成的任务"，最后很漂亮自然地、让人惊喜地用一个故事曲线完成了这个任务，非常戏剧性的戏。我那个时候就觉得太假了，跟现实之间的距离是很大的。然后我就想写一些不是那么完整，不那么像"戏"的戏。

之前我在本科时期受的编剧训练一直都是非常传统的，比如说"三一律"，在很短的时间里、在一个固定情境里创造戏剧性的冲突，是这样的思维。打基础的时候就是要先学会写很像"戏"的戏。

三明治　这样的模式会给你带来什么样的影响？

朱　宜　在哥大读研究生的时候，头两年我发现我有个倾向，我的导师也跟我指出，她说你不用那么急着去想怎么解决问题，怎么收尾。她能够感觉到我写到中间就很在意收尾这件事，要怎么样收得漂亮，一个问题提出了要怎么解决。然后她就跟我说，try not to wrap it up（试着不要收尾）。

以前我的写作习惯都是想好整个故事再开始写，但写《我是月亮》的时候，我就像滑翔一样，先写一段出来，然后过一阵子再写一段。我不知道它们之间可以怎样连起来，也不知道后面会是什么，比较松散。我也有刻意地让开头是很大段、很沉，有点灰暗色彩的独白。一般来说，我们觉得很精彩的戏，开头一定是要抓住读者、扣人心弦的。但《我是月亮》就刻意地想用开头几分钟就告诉你，这不是一个我向你走来的戏，是一个你向我走来的戏。然后里面人物之间的连接也不是那么紧的，我故意让里面有些人之间是不认识的，有些人之间是刚好错过，有些人之间你以为会有关系，其实并没有。

古典主义那些主流的故事，都是凡事有因果、有逻辑，也有一些叙事模板，但是实际上真实的生活并不是这样的，这个世界是荒诞的，写《我是月亮》的时候我就在想怎么能够捕捉这样的东西。

三明治 写《我是月亮》的过程，是一个打破旧有创作模式的过程，这种"打破"会不会让你感到不安全？因为旧有的模式可能会给你束缚，但某种程度上也提供了一个安全的抓手。当导师突然和你说"试着不要收尾"时，是给了很多自由空间，但会不会有一下子不知道该怎么办、不安全的感觉？

朱　宜 没有，我觉得相反，"不打破"才会让我觉得很没有安全感。新的东西，不管试得成不成功，只要你试了新的东西，而且真的去做了，把它完成了，我觉得都是能够给我带来更多安全感的。要是一直反复地做一样的事情，我自己知道我已经很熟练了，这才会让我心很虚。

《我是月亮》因为是毕业作品，不管怎么样都会有一个演出的机会，所以当时会有一种感觉是，好像这是最后一次可以随心所欲地做自己想做的项目的机会，所以必须尝试非传统的东西。那时也不知道毕业之后会怎么样，其实现在我还是可以写奇奇怪怪的东西，但那个时候是一种可以完全忠于自我的感觉，甚至你都不知道自我是什么，你不知道你要去哪里，但是可以放心去冒险。所以这可能也是这个本子里那种天真感的来源。

当时我还非常着迷于一个东西，就是人和人之间到底是怎么发生深刻的连接的，又是怎么错过的？为什么有的人可以连接，有的不可以连接？是什么在影响着这个世界上人和人的连接？包括无法连接的痛苦的感觉，我都很想要抓住。但是这种兴趣，这种思考的角度，我觉得是一个人还没有入世很深的时候的状态。

我自己在写每一部作品的时候，其实都是在尝试新的东西，哪怕别人看不出来。但有时候你不知道新的方向在哪里，所以当时导师和我说"试着不要收尾"的时候，我觉得很有意思，我觉得"对了"，我是感觉到有问题，她把问题给我指出来了。而且所有的限制都可以激发灵感，像一个游戏，比如我那时给自己的游戏任务就是"我不要那么急着想结尾"。

然后我写《特洛马克》的时候，就想写一个宏大一点的，人物很多，场景变换很多，还运用了很多拼贴，不是传统剧场会演的那种很"三一律"的戏，它的主题也不明晰。这个我试过之后，后来我就想写一个非常传统的戏，人物紧凑，戏剧冲突非常强烈，有鲜明高潮，然后我就写了《杂音》。而《床上的故事》，是我一直想试试写的两个人谈恋爱的戏。如果上一个我做的是那样的，下一个我想做一个相反的。用不同的方式证明，自己什么都能写。

三明治　不停尝试新的东西，会不会经常陷入"这样可以吗"的自我怀疑？

朱　宜　我觉得每一个创作者都是这样的，永远会在写新的东西的时候觉得："这次我不行了，太难了，怎么那么难？一定是因为我不行了，我上次就很行的。啊，我江郎才尽了。"但我觉得只是我们忘记了上一次也是很难的，上一次也是觉得自己快不行了，不行不行又行了。写完之后，被成就感和赞美搞得轻飘飘了，就以为自己真的是一个随便写写就很棒的天才了，忘记了写作时的那种艰难和自我怀疑。人忘记感受是很容易的。其实没有一次是容易的。自我怀疑才是正常的。

三明治　遇到这种"我不行了"的抓狂的情况，你一般会怎么办？会放下，去干点别的，让这个情绪就先散掉，再想接下来怎么办，还是死磕到底？

朱　宜　我就是死磕。不然就算你干点别的事，还是得回来的。你跟自己说"我写不出来我就去死"，你肯定能写出来。如果真的很投入地去想，就一定能写出来。在方法上，有时候我会看一些和我路数完全不一样的作品，来打开思路。

创作思维会被你最擅长的文体所塑造

三明治　你自己现在比较倾向的创作方式是怎么样的，一个故事是怎么想出来的？

朱　宜　我会拿一张纸（现在变成 iPad 里面的笔记本），根据直觉往上面写词语，写在不同的位置。我也不知道为什么这个词会在这个位置，但我的潜意识知道。看上去是随机的词在随机的位置，但它们之间有某种关系。写满了，再换一种颜色的笔继续写，到最后一页纸上各种颜色密密麻麻。在这个过程中，很多想法会被刺激出来，彼此发生联系，一个故事就渐渐浮现出来。

三明治　写小说和写剧本是完全两种不同的创作方式，如果不去尝试，写小说的人可能永远无法想象写剧本是怎样一个创作过程，会用到什么不一样的技能。现在你两种创作都尝试过之后，再回来看作为编剧的创作，有没有什么新的发现？

朱　宜　我之所以会想写小说，其实是因为我想写电视剧，尤其是美剧。之前我的经纪人让我写一个 Pilot，也就是试播集、第一集，可以看出你是怎么架构整个故事的，主要人物是什么，他们的主要冲突和接下来是什么风格。

我以为写电视剧很容易，因为我觉得我虚构情节的能力很强。但是试到现在，我觉得太难了。因为我是舞台剧编剧的背景出身，经过那么长时间戏剧编剧的训练，形成了一种和电视剧编剧完全相反的创作本能。比如，舞台剧或者电影都是闭环型的故事，但是电视剧的故事需要一个很强的引擎，让它一路开下去，最好可以无限地开下去的。在舞台剧里，你要尽量精简人物，你要想怎么样钻一个孔，然后在这个孔里面埋一颗炸药，把它炸出最大威力。但是美剧里的世界比舞台剧里的世界铺得更大，人物更多。两者在很多方面都是完全相反的。

我想要打破自己舞台剧编剧的思维方式，因为创作的思维会被你最擅长、最经常练习的文体所塑造。比如有段时间狂发微博，你就会发现自己的表达会变成140字段子式的。我就在想怎么打破。我已经写了几个试播集，但很涩，因为思维方式还是没有转换过来。于是，我就想，可以通过写小说作为过渡。其实小说的视角是更接近于银幕的，是更细腻的，加上小说对我来说又是一个更轻松的写作方式。

三明治 为什么现在会突然对写美剧产生那么浓的兴趣？

朱　宜 因为我喜欢看美剧，哈哈，我觉得这整个行业非常吸引人。我觉得最优秀的一批讲故事的人在那里，我很钦佩他们，我也想做那么优秀的讲故事的人，想和他们一起工作，想写我自己想看的东西。

三明治 会不会有时间精力上的焦虑，你可能要去做出选择，时间如果放在写小说上，放在写剧本上的时间肯定就更少了。

朱　宜 对。最重要的是你得不停地写。之前写电视剧剧本，试播集我就卡了两三年，我所有的精力都放在写试播集上面，写了又不行，很有挫败感。一个东西别卡太久，卡太久整个状态都不好了。我觉得写作者的自我价值感其实是来自你不断写新的东西，写作肌肉也是需要不停练习的，所以我觉得不管怎么样，现在什么对我来说最舒服、我最喜欢写，我就去写那个东西，然后把写作的引擎带起来。

三明治　　试播剧本卡了两三年，是写不出来，还是写出来的反馈不好？
朱　宜　　我其实写了好几个，处于不停推翻重来的状态。第一阶段你要先有个故事，有个想法，推不下去的时候再换一个想法。我不停地想原创的想法，大概想了十几个还是二十几个，哪个感觉对头了，就开始写剧本，写了十页二十页发现不行，换一个从头再来。经纪人和周围朋友都和我说，无论如何你一定要先写完一个。终于写完了一个，但我自己心里知道不是很好，够不够好你自己是知道的。不过这个过程我还是勤奋的，虽然啥都没搞出来，但我有进步，理解了很多之前不懂的东西。

三明治　　你就只是一个人这样不停地想、不停地写，还是也会和朋友讨论？
朱　宜　　想出一个故事之后，我都会给几个信任的朋友讲，隔几天又想了一个新的故事，又给他们讲，让他们给我分析分析。在讲的过程中你会自己知道哪些部分是精彩的，你会知道重点在哪儿，而且在互动中，你可以感觉到你在哪里失去了对方的注意，从哪里开始他没有那么感兴趣了。这些信息很重要。

三明治　　有的创作者不会在构思一个故事的时候就和别人说，因为说了还不一定能写出来，会有担心写不出来的压力，你会有这种压力吗？

朱　宜　你知道吗？写不下去都是因为这些故事的胚胎不好，所以它长不大。所以我和朋友会讨论，我也会跟他们说为什么写不出来，一起复盘，所以没有写不出来丢脸的压力。他们也能理解，都觉得我好惨。做我们这个行业的人，骨子里都是很喜欢讲故事的，也很喜欢看别人听你故事时的反应。有时候碰到好久不见的编剧、导演朋友，在一起聊天就是互相讲故事，讲最近看了一个什么故事觉得很有意思，这个故事太好了。

写小说之后，我发现其实编剧才是孤独的。

三明治　如果存在"文学性"这个概念的话，你怎么看待剧本的文学性？因为我们会谈小说的文学性，但一般好像很少谈剧本文本的文学性。

朱　宜　我不知道怎么去定义文学性，我也不擅长做这种定义工作。我们在谈"文学性"的时候，其实很多时想的是"可读性"，适不适合阅读。很多人不太会读剧本，平时大家会读小说，但很少人没事干去读个剧本，因为很多人都觉得剧本像是一个乐谱，是演出用的一件"工具"。

但对我来说，我从开始学剧本写作开始，读的就是公认文学性很强的文本，比如说契科夫、易卜生的剧本。不同的学校教剧本写作的路子也不太一样，有的戏剧学院从写小品开始，这种剧本肯定不是适合阅读的。但我读的戏文系以文学院为背景，很多课和中文系一起上，大家还是受文学吸引更多。

三明治　我在想所谓剧本的"文学性"，不一定直白地体现在文本上，而是隐藏在文本背后的、更内核的什么东西。

朱　宜　我刚才就在想，因为剧本要变成演出，演出是一个很实时发生的事情，你的感受也是实时发生的，你的体验在接触到它那一刻已经发生和结束了，你过后可能也会很快忘记它。但可能文学性指的是，在体验发生和结束的那一刻之后，有什么东西还会影响你，即使脱离了剧场，那个东西还是存在。

三明治　我更喜欢这个解读，就是说剧本它不只是一个乐谱，它有其文学性的价值。可能你看了一出戏剧会好奇它的剧本，看完一个剧本会想看它如何被呈现，这个循环可能会一直进行。

朱　宜　电影的最终作者是导演，但是戏剧的最终作者其实是编剧，因为一个剧本会有不同的演出版本，但它的核心还是文本。其实演出和剧本还是不太一样，传递的过程有添加别的东西或是有折损。

三明治　会不会担心别人没有把你想表达的东西呈现出来？会有想自己做导演把它完全实现出来的时候吗？

朱　宜　我不喜欢这样，因为我就是喜欢看别人是怎样触碰我这个材料的。我不太介意我要讲的东西被不同的人阐释，我没有那么想严格控制输出。做编剧、做导演或者做演员，都是会有视觉盲区的，你看一个人来做你的戏，也会发现很多自己以前没有注意到的地方。所以自编自导也不一定更能传递你要传递的东西。

之前我尝试当导演、当演员，是为了了解他们是如何工作的，便于我更好地跟他们合作。但是我不喜欢做导演，烦死了。一个好的导演，一半是艺术家，一半是经理人，他其实是"领导"，管所有人，为大大小小的事情负责，做大家的主心骨。做演员更可怕了，你要每天在一个地方长时间排练（编剧就不用一直待在排练场，中间出去吃个东西啥的没人管你），被告知你要怎样怎样做，要一遍遍重复。我这人完全不适合。

三明治　可不可以这么讲，你的控制力其实没有体现在舞台上，但体现在文字上，因为文字也是需要非常精准的控制，才能表达你想表达的东西。

朱　宜　而且在文字上你可以控制你要控制多少，有一些东西你可以写在舞台提示里，有一些东西你决定不写在舞台提示里，你留出空间，让其他人去创造，给你惊喜。不管是剧本还是小说，我觉得还是一个自己跟文字的游戏。

三明治　所以你更享受和文字一起游戏，而不是和其他人一起工作吗？

朱　宜　在研究生期间，我学习的内容除了写剧本之外，还要学怎么跟导演和演员工作，这个是很重要的。比如你要怎么给导演反馈。一个有经验的编剧会知道什么东西你是可以提，提了是有用的，什么东西是不必提的，什么东西是不能提的。每个导演也不一样，有些导演他不喜欢你在排练室里直接给演员建议，他要你跟他开会，开完之后由他来传递整合过的信息。因为一个房间里如果有两个权威的声音，演员会很困惑。而且导演也会用演员可以理解的语言，比如有一次我看排练，我就说这场戏应该是非常激动的，为什么这个演员那么淡，能不能让她更有emotional（感染力）一点？导演就说你不能这么说，因为emotional是一个表面化的描述，演员不知道怎么执行这个指令，她只会表演夸张，你要告诉她，在这个地方，这个人物内心在担心什么，将要失去什么，被对方刺激到了哪一个痛处，等等，引导她的想象和情绪。怎么跟演员交流，是导演训练的一部分。但也有一些导演，他们希望编剧直接跟演员沟通，他会觉得你别让我传话，我传来传去传不清，还误解了你的意思，你跟他们讲是最清楚的。

三明治　作为编剧，和导演工作是一种必需，还是一种选择？有没有编剧只享受写的过程，谁要排、排成什么样我都不是很关心，我只享受写的过程。

朱　宜　不同编剧的性格不一样，不同文本也是不一样的。比如我教授Charles Mee的文本，非常诗意，不那么剧情化，他就无所谓，导演怎么传达都是个人风格。但有的文本剧情非常鲜明，逻辑非常强，比如一句话里其实有一个"梗"，或者是一个反讽，既然写了，你就想要被传递出来，你去跟一下排练，只要说一句这里原来是这样的，就可以免去很多误解。有老师会和我说，编剧要么全程跟排练，要么就不要去看演出了。我后来也是这样，要么投入地去跟排练，要么就是不要去看演出。

三明治　作为编剧，不只和文字打交道，还要和很多人一起工作，那相比起来，你觉得写小说会不会更孤独？因为不会像编剧这样和这么多人一起工作。

朱　宜　　我发现是相反的。一开始我之所以选择做编剧，是觉得可以跟人一起工作，写小说就是关在家里写，然后发表，你都不知道你的读者在哪儿，读完什么感觉，不像剧场可以实时看到反馈。但后来我自己写小说之后，我发现其实编剧才是很孤独的。这种孤独在于，你的东西并不是直接地、原汁原味地、毫无折损地传递出来，你和接收者之间是隔了很多层的。穿破每一层的时候，除非你和合作者都非常理解对方、尊重对方，又能用他自己的表达给你惊喜。

但很多时候是眼睁睁看着你想讲的东西不断打折，最后出来的其实已经不是你想表达的了，真实的你并没有真的被看到。这个时候还有剧评人，但他们评价的作品已经不是你的作品，里面还包含了他们对这家剧院、这个导演、这些演员的一些既往印象，包含了他们想给整个行业的一些寄语，包含了他们想打造个人品牌、树立话语权的野心。

编剧之间在评价作品的时候，也会比较收着。因为不再是纯创作上的探讨，这个剧本已经变成了一个制作，一次事业的机遇，一个集体劳动的结晶，就复杂了，因为行业里每个人之间都有千丝万缕的联系，再说负面评价像砸场子，而且不知道是砸了谁的场子。

三明治　　剧本不像小说一样，文本就是作品的最终形态，读者和小说作者发生的联系全部基于文本。但剧本可能只是积木里的一块，你要等着整个积木被搭完才知道整体是什么样子，每次搭的样子可能还不一样，你也不能说最终的样子不好看就是因为其中的哪一块积木不行。

朱　宜　　而且这还是基于人家不改你剧本的前提，还是按积木的说明书去搭，在国内不被改剧本已经很幸运了。

在美国做编剧是怎样的创作氛围？

三明治　在哥伦比亚学习编剧的三年，对你来讲，可以说是一个几乎把原有的东西都打碎，然后重新寻找自己的风格的时间吗？

朱　宜　　不是"把原有的东西都打碎"。在国内学习的时候，我们看到的很多还是比较传统的"好"的戏，没有机会充分地探索自己，去探索"原来我可以写成这样，原来可以写成那样，原来我对这些也感兴趣"。我觉得这个探索的过程不是为了寻找"我"的风格，我没有那么强的自我意识，要去建立个人风格。我现在都不知道自己的风格是什么。如果一定要总结我写过的东西的风格，就是有很多可能性吧。

而且我觉得"编剧"这个定义其实是很广的，我在哥大的系主任叫 Charles Mee，非常有名，他所有的剧本都可以在他的网站上免费阅读（演出要另外授权）。但我申请哥大的时候，我都不知道他是谁，我看他网站上的剧本，觉得这是什么鬼，很难描述，那个时候我根本理解不了里面的诗意。

比如他有一个剧本关于一位政治家，大篇幅是描述一个小男孩怎么慢慢杀掉一只乌龟，我就想这两者之间到底有什么关系？后来在哥大学习大概半年之后，我就突然全部能理解了，觉得那些剧本太牛太美了。我印象非常深刻的是有一次我去林肯中心档案馆，看他写的 *True Love*（改编自欧里庇得斯的《希波吕托斯》和拉辛的《淮德拉》）在

2002年的演出录像，我就在那边狂哭，不知道是哪个开关被打开了。现在回想可能是对于戏剧的理解和欣赏，为我打开了很多扇门。

三明治　　我会好奇是一个什么样的契机，让你突然发现以前你认为这样不是剧本，后来突然意识到这样也可以的？

朱　宜　　在哥大学编剧的过程中，我们会和导演系、表演系合作，也会全程目睹同学的剧本变成演出的过程。在这些合作和观摩的过程中，我发现，能够触动观众的东西，比我以前知道的要多得多。作为作者，我写出来的文本，在导演手里变出来的样子，我会发现和我预期的很不一样，那些惊喜和失望都是很拓宽我的创作思路的。还有，观察什么样的文本更能激发演员的创造力，你就会想写让你的演员演起来更有劲的剧本，而不是把演员当作工具。还有就是模仿，学习都是从模仿开始的，我在模仿当中也拓宽了自己的频道。

三明治　　刚刚你提到，和导演的合作会让你发现新的东西，有没有具体的某一个戏，或者某一次排练让你有这样的感觉？我知道这样转述感受也许是很困难的，对戏剧来说，如果你不在现场，没有亲眼看到、感受到，很难用语言或文字转述给另一个不在场的人让他感同身受。戏剧和单纯的文本不一样，文本就是很直白地在那里。

朱　宜　　对的。或者这么说，我觉得就像吃菜一样，如果你从小吃的就是这几样菜，你觉得好吃，你也很难想象有其他菜，其他菜是什么味道。但你如果吃到了其他种类的菜之后，你的味蕾就被打开了。在创作慢慢塑形的时候,给你很多新的东西,它们就成了你的一部分,帮你打开身上很多频道。

三明治　在美国做编剧是怎么样的一个创作氛围？

朱　宜　我们这边的剧院会组织编剧的小组聚会,每周大家写了什么,就聚在一起读一读,分角色读,互相给点反馈,国内好像比较少这样。写在纸上和听上去是完全不一样的,创作者其实很难知道自己写得好不好,刚写完你觉得自己写得太好了,太喜欢了,第二天起床你觉得自己写的就是一坨屎。其实创作者聚在一起,彼此是知道怎么给反馈的,因为在创作初期,在你的东西还没有成型的时候,给反馈是要非常小心的,不管是夸还是骂,都会非常影响你接下来的创作方向。

这些剧院都是以扶持为主,也会举办一些短剧节,给你限定时间或一些命题。对我来说,这些节是剧院给的一个平台,能够让你的作品被看到。因为短剧对我们来说是一个日常的练习,也会在这个过程中寻找合作者。比如一个导演、演员,你通过短剧这样的小项目和他合作了一下,你就知道他的工作方法,知道你们合不合,合的话,下次你有大项目就可以找他。你也有更多机会被制作人、经纪人看到,被剧院的文学经理看到。写短剧可以让你这台机器一直是热的,不停下来,最后其实还是为了写长剧。

三明治　在短剧写作里,其实你也可以去做更多新的尝试,比如说你最近想做什么新的风格或者是玩法,就可以去尝试。

朱　宜　对，因为它是一个小小的爆发，一个短剧一般 10—15 分钟，你不用去结构很大的东西，也不用想要传递什么，通过短剧可以看到一个作者的灵气和想象力。

三明治　写作的时候你一般有什么样的习惯，比如必须在一个很安静的环境里写，必须断网？

朱　宜　在故事还没有完全成型的时候，必须在一个绝对安静的环境里写。但不会断网，因为我需要查一些资料。而且我用英文写，我就不停地去 Google，看这句话语法对不对，用电子词典查这个词我有没有拼错，用第二语言写作的人很卑微的，写得很慢。一旦故事差不多成型，写对话什么的就是在执行阶段，我就爱很喜欢在咖啡馆里写，有背景的白噪音，也有"我今天是来工作的"的感觉。而且一直在自己家里写很孤独，在人群中感觉还是蛮好的。

状态好的话，我基本上会写到写不动为止。因为写作是保持高强度的感受和思考，写到一定程度你就会知道，还可以往下写，但再往下写就对身体不好了，比如会很饿，写不动了。但是哪怕不在写，心还是吊在那儿，也不想去见朋友，无法社交。这种时候我会自己去吃一顿 Tasting Menu，就是那种仪式感很强、一道一道上菜的。因为写作的时候一整天像个野人一样，靠吃这种仪式感很强的东西就能确认自己还在文明世界，而且也会给自己一些很愉快的刺激。我一边吃会一边想写的东西，然后拿笔记本在那边记，餐厅就会以为我是做食评的——怎么这个人自己吃饭还不停做笔记？

因为他各种迟疑不定，各种拿不定主意，各种优柔寡断，各种跟自己较劲，明明应该这么做，非要那么做。有时候歪打正着，有时候弄巧成拙。

云也退：一个书评家逃离到以色列写非虚构

撰文
龚晗倩

side
A

云也退和以色列的缘分说不清是从什么时候开始的。

大约十五年前,云也退便读过美国犹太作家索尔·贝娄为艾伦·布鲁姆的书写的书评。2007年,他更是亲眼见到以色列作家阿摩司·奥兹,还采访了他。那次王安忆也在。后来奥兹的译者钟志清说,奥兹挺喜欢他提的问题。

他也写过一篇谈贝娄的文章,其中有这么几句:"贝娄拿着这五百块钱,去做了一件现在看来很惊人的事:到墨西哥寻访托洛茨基。一场'说走就走的旅行',印证了美国人相较于欧洲人的优势:他们天生有一款自由之心,从心所欲……"

就像在写他自己。就像是为了响应贝娄的召唤,云也退也来了一场说走就走的旅行。

他说想给自己的经历找到一个解释,找到文字上的表达,对做过的事情有一个致意,以色列就是这样一个能容纳他的地方。

孤独依旧,但已在群体里沉浸过。恐惧仍在,但可以付诸无所谓。

基布兹

内奥·茨马达是云也退去的第五个基布兹，早在2009年，他便去过一次以色列，在两个基布兹待过几天。而这一次，他也是在另两个基布兹里作为客人住了些日子后，才找到内奥·茨马达这个不能光待着，还必须参与劳动的地方的。

基布兹（Kibbutz）是希伯来语"聚集"的意思。它是混合共产主义和锡安主义的思想而建立的乌托邦社区，社区里的人没有私有财产，没有工资，衣食住行教育医疗都是免费的，主要从事农业生产。

一份网络资料说：2013年以色列有274个基布兹，工业产值约120亿美元，占全国的9%，农业产值75亿美元，占全国的40%。虽然其他国家也有公社企业，但没有任何国家让自愿的集体社区承担如此独立的自治权。

去到内奥·茨马达，云也退说纯属意外。2012年的这次以色列之行与三年前不同，他整整待了五个半月，有充裕的时间找自己想去的地方久住。

有一段时间，他借住在朋友泽埃夫的女儿家里，住了有一周时间，他并没意识到自己该告辞了。

那天，夏霓告诉他有内奥·茨马达这么个地方，并说"you will like it"。

"她不说it's beautiful或是it's exciting，她说的是you will like it——我要说不喜欢都不行。"他后来觉得这位女士拥有一种把话说得得体的能力，丝毫没有让他感到自己是被撵走的。

他也没想到，自己会在内奥·茨马达待上整整一个月。

2011年的夏天，我也曾在海法的一个基布兹短暂停留，早晨9点刚过，大巴车在等一位住在基布兹的游客。我透过车窗玻璃，好奇地打量着这个充斥着乌托邦色彩的所在。我的父亲是知青，但他总是用沉默来回应那段岁月，从不主动提及，我只能在书中探寻。而以色列的公社生活又是什么样的？我很好奇。

奥兹写了很多关于基布兹生活的小说，情节文字里有大量的留白，对话之间，一个人突然有个想法，另一个人突然很悲伤，再来一个人突然很焦虑，云也退说他读时并没有很强烈的感觉，只是想以此为入口，探知犹太人的思维。读其他国家的文学，他都没有产生过如此强烈的了解一个民族的思维的欲望。

基布兹与中国的人民公社最大的不同之处，在于人们完全是自愿前往，随时可以离开，也随时能回来。

近几十年，一些基布兹社区实行了私有化，生活方式发生了改变。我的几位以色列朋友众口一声：基布兹已经俨然成为游客猎奇的场所，真正留在基布兹的以色列人只占极少数。他们无不摇摇头，不认同这样的体制。

内奥·茨马达也是这么个地方。但它招收志愿者，让云也退这样一个不识稼穑的城里人体验了一回真正的农村生活。在那里，没有谁高人一等，没有谁特别有农活经验，都是一边摸索着一边摘梨、剪杏树枝、腌渍橄榄、挤羊奶……劳作让身体疲累不堪，他的心却完全沉浸在其中。虽然所有的志愿者都做得不怎么像样，但大家都是平等的，他感到自己是被需要的。

后来他写了个人的第一本书：《自由与爱之地：入以色列记》。"是因为我必须要写，而不是为了不能白跑一趟。"他说，自己一回来,就被基布兹那段滚烫的记忆每天提醒说"赶紧写下来",另外,他也实在受不了国内人写的海外旅行记的枯燥空洞了。

他在书中写道:"过了这二十多天后,现在我相信,这个农庄的确有办法让人在简单枯燥的重复性劳动中保持中等偏上、偶一激亢的心情。它的激励机制,就是让每个人都能感受到来自别人的肯定。内奥·茨马达人有着超一流的心理素质,就算明天一早约旦那边突然出兵进攻阿拉瓦,农庄也一定不会忘了在撤走前关闭洗碗机,挤完最后一滴牛奶,把水枪的皮管子一圈圈绕到墙头的钩子上。"

在劳动之外,在那些"不做什么"的时刻,他去体会村社生活的节奏、气质、音响,并引入自己读过的书。阿摩司·奥兹在《沙海无澜》中花了将近四分之三的篇幅描写主人公约拿单如何下定决心要离开基布兹,但是等到他真的出走之后,没多久便又静悄悄地回来了。

人只有离开过,才能回来。对生活在基布兹的人来说,这个地方既是家,又是监狱。

他却决定给这个"监狱"取名"自由与爱之地",好像呼应萨特的那句话:人不可能没有自由,不自由也是自由。

他喜欢看一个人怎么想问题,喜欢一个人对自己处境的描述,一个人内心的变化怎样反映在他的行止、外貌以及他对周边环境的感知上,他总试着从自己的角度出发去体察一个人、一代人的想法,一个地方的人的想法。

让云也退特别心动的,是老资格的基布兹社员对集体主义社会那种纯粹、简质的留恋。"他们不必考虑收支平衡、子女照管、学校教育——集体打理了一切。"他的朋友泽埃夫说,"真希望基布兹还能存在两代人的时间。"

美国诗人加里·斯奈德说,一个人想要获得真正的自由,就得置身于最简朴的生存环境之中，经历痛苦不堪、迁徙不定、露宿野外、不如人意的生活。

"不管什么时候，人都需要逃避的地方，基布兹是最好的地方。人人都希望有一个地方能逃一逃躲一躲。"云也退听见那个寂静的时刻，天上的流星飞过，想到了自己。

也许有一天，他会回去。

逃离

在写这本书之前，云也退写了十三年的书评，别人评价他是"书痴"，他自己也说，聊得来的，大都是出版社的朋友，大晚上煲电话粥聊书能聊上一整夜。

对书的狂热，始于大学毕业之际。

毕业前，他和女友陷入"恋爱—失恋"的循环，"相爱相杀"。分手后，他避开了所有她在的场合，包括穿毕业服、拿毕业照和所有的同学聚会。但是真的失恋了，又无比想念那些未相杀的时刻，想念到了极致，"很想找个人来揍一顿"。

他没有揍任何人，而是选择了逃离。在很多个夜晚，拿着一本书，走上街道，沿着苏州河来回踱步，想象自己是一个都市流浪者。走累了，找一个简陋的"两元餐厅"，花两块钱便能待一整晚，最后被鸟鸣叫醒。

毕业后他不想工作，确切地说，什么都不想干。他去考研，连续考了两年，都因为老师对他专业课的答案不满意而落榜。但正是那两年，他窝在家里读了一本又一本文学书，从纪德、康拉德、加缪、贝娄、英国作家罗伯特·格雷夫斯、瑞典诗人特朗斯特罗姆到墨西哥文豪卡洛斯·富恩特斯。

他说："可能我比较幸运吧，换一个人看这些书可能会特别愤青，特别灰暗。"

"很多经典的文学都写作为一个人的无力、荒诞、没有出路，他们对处境揭露得很透彻很冷酷很犀利，但是你从这些书里面得到什么样的力量呢？我是怎样获得力量的呢？好像不但没有被书本带得沮丧，反而觉得自己更加有活头了。"

从很小的时候，他就有种恃才傲物的表现欲，特喜欢在语文课上纠老师的瑕疵。有一次老师念"日啖荔枝三百颗"，念出一个 tán，他应声说 dàn，弄得老师下不来台。有时嘴里不说，只在心里合计，比如老师用一个成语"垂死挣扎"，他觉得不好，就设法换一个更高明的词来代替它："困兽犹斗"。

"只要是你拿来要灌输给我的，我都要挑你毛病。"他讨厌语文课本里的僵硬贫乏。理所当然的，有的老师喜欢他，有的对他不屑。

有时纯属故意刻薄。一个同学，初中毕业就出国留学了，假期回上海，住在同一个楼的一些家长都跑去问长问短，别人告诉他，他说了一句"如蚁附骨"。

刻薄招来嫌弃。因为老爱在人前显摆自己词多，有一次被人说了一句重话："我永远也不会相信你这样的人，你说的话我一个字也不信。"他忘了自己当时是怎么显摆的，但这句话带来的打击很刻骨。

他开始反思，是不是自己不该说那么多话。

后来他寻思着写点东西，想是不是能赖此变得不那么冒进、莽撞、不合时宜,"写东西的人好像更成熟一些"。

书评,开启了他的另一个世界。他喜欢和作者对话,喜欢琢磨作者想表达的思想。他说,写下一篇篇书评,先是有些致敬那些恃才而骄却在现实生活中屡屡碰壁的同命人的意思,后来则演变成了向他们宣战:"如果我佩服他,他就是等着我来颠覆他,等着我来遗忘他的。"

小时候的云也退读书并不多,文学书更是仅限于《三国演义》和《水浒传》等少数几本经典作品。

但在大学里他读到一篇书评,评论的是德勒兹的访谈录《哲学与权力的谈判》,他很惊艳。喜欢法国思想,就是从德勒兹开始的,蒙田、加缪、巴什拉尔、萨特。"他们有一个共同点,都是特别善于凝视、思考的人,给他一根蜡烛,他会研究半天。"他认为这种凝视产生了美感。

不只是美,他还喜欢从这些人的文字里读出气氛、意象和色彩,这是让他能够和作者产生联结的"场",在这个"场"中,作者的轮廓清晰可辨,他能看见他们是如何蹙眉凝思、如何激动昂扬、如何将自己的心血浸润进文字中去的。

一边体验作者作为一个人的存在,一边了解他们的书和观点,对云也退来说,这是条捷径。而掌握了这个捷径以后,即便从未读过莎士比亚、康德,轻松谈论他们也不是问题,也不会出大纰漏。

当时他最爱读的报纸是《中国图书商报·书评周刊》,总能翻到一些爱不释手的书评,而那些文章都已经搜不到了,有一篇写《金斯伯格诗选》的书评《哗哗作响的是我的表情》,他跑到学校请老师帮忙将这一张版面复印下来,恭恭敬敬地放在书架上,直到老房子拆迁,这些复印件也都成了废纸,不知去向。如今他提起这篇书评,用了两个字:"爱死"。"这篇文章是我读诗最早的指南之一。"

他在2005年的一篇《记恋〈书评周刊〉》中写道:"记忆中最优秀的书评,除了贝娄评布鲁姆外,还有巴尔加斯·略萨评帕斯捷尔纳克,加缪评萨特,等等。狭义的'书评'把这些文章一概排除在外,而归入'文论'一类,似乎书评就是用来介绍书的……"

他把读优秀书评的体会做了这样一番表述:同时处在既对立又互补的几个声音之间,既重叠又交叉的几个世界之间,一边聚拢一边又错开的几个头脑之间。

他自己也写了不计其数的书评,正计划出的第二本书,和《自由与爱之地》一样无法归类:他要重走一遍心路,写出他所喜欢或深受影响的作家、作品是如何熔铸在他的生命体验里的。"也许可以称作一本'阅读性自传'吧,"他说,"但这个概念恐怕大多数人都看不明白,我也不太喜欢'阅读'这个词,好像是在一本正经做件什么事似的。"

"读"早就是他的"开门七件事"之一了:吃喝拉撒睡,加上运动,再加上读。

他把过去写的书评翻出来看,发现那些旧作都不好,绝大多数得推翻重写:"以前我会刻意抖高深,显得很有文化,但其实要么没理解,要么理解了也表述不清。"

往往读过一本书,就会了解到更多感兴趣的书,就会去一一找来。但哪里来的时间读那么多的书?云也退正色道,自己有一种训练出来的能力,看一些文字和段落,就可能与作者本人相遇,见到他的其他文字、其他作品,就会感到熟悉,很有把握。

他极其高产,这几年写过的评论除了评图书和作家、学者的,还有评舞蹈、绘画、时尚趋势的等等。有一年他平均每个月写15篇文章,有一个月足足写了26篇文章。他说《发条橙》的作者安东尼·伯吉斯也是如此,每周读书写书评不断,40来岁开始写小说,也写了30多本。云也退在40岁之前出版了第一本书,心里笃定得很。

就在和我见面之前,他在地铁上读一本安部公房的《砂女》,仅仅是重新翻翻,为了完成一篇计划在当天晚上写完的文章。他的书评发表在《大家专栏》、《第一财经日报》文化版、《北京青年报》、《周末画报》等平台上。

防御

我见到云也退的那天下午很冷,室外气温只有三四度,他穿了一条黑色的中裤,上身穿一件烟灰色的运动连帽薄衫,我脱口而出:"你不冷吗?"

我无法将视线从他裸露的小腿处移开,他落座后脱下连帽衫,里面是纸一般轻薄的灰色高领内衣,隐隐鼓出胸肌。在寒冷面前显得坚硬一些,处处表现出"反"好像是他的一种修行。

他向我解释,中午刚跳完Les Mills的拳操课。"越从事脑力劳动,越无法忽视肢体的感知力。"

他的左手腕上套着三个宽窄不一的圈,两个黑色,一个紫色,其中宽的黑色圈带上印着白色的"Les Mills",他常去的一家自助式健身房,明晃晃的落地玻璃门窗内,便是教室,教练激情地在台上发出指令，台下二十来人，男生很少，包括云也退在内，一共只有两人。他们松散地站着，小碎步舞动、陡然出拳、向后蹬腿、利落回收。云也退穿着紧身背心，肱三头肌有棱有角。左手直拳，右手上勾拳，左勾拳，他击出去的拳凌厉生风，发梢随身形移动轻轻上扬。六十分钟的拳操基本上每十分钟有十五秒钟的喘息时间。他并不怎么喘。

他已上了三年的 Les Mills 课，现在一周少则四五次，多则七八次。

对健身近乎执拗的云也退，小时候极其厌恶运动，曾经在中学的运动会上宁愿做登记运动员名录的工作，也不愿参与任何一项运动。他讨厌篮球场上的身体碰撞，也曾在足球场上茫然奔走无所适从。

大四那年，他去学校新开的健身房里试试身手，里面总是人满为患，后来他跑去了学校后门的一家个体健身房，办了人生中第一张健身卡，一个月一百块。器材的质量不好，跑步机的履带总是滑下来。老板留着寸头，有点江湖气，有时有人进门张望，他就指着他说："你看看，他的体育可好了。"

真是讽刺。"他并不知道我五门科目里有三门都只是勉强及格。"

毕业一些年后，他突然想回去看看这家健身房，它竟然还在。一所美甲店占去了那个门脸的一半面积，剩下的三分之一门窗紧闭，透过窗户看进去，哑铃就像刚刚从海底打捞上来的一样，辨不出模样了，当年磨砺自己的器械锈迹斑斑，像是一副副老旧的刑具，失去了折磨人的气力，而窗外的自己好像获了新生，心情很复杂。

"野蛮身体，健全人格"，他冲着这句话去健身，在一种近乎自虐的状态里获得对自我的掌控感。这种掌控感在面对他人的时候，往往不见了踪影。他更习惯在社交中"退后一步，藏起锋芒"。不让言辞利剑射出去伤人，也怕被别人所伤。

"我好像习惯藏着,不喜欢被别人看见,"他说自己是个冷感的人,遇到不理解他的,也懒得解释,宁愿选择沉默,一个人走开。"就不说了,自个儿找点乐子。"

他的真名叫"章乐天":"得对得起自己的名字啊,没事瞎乐。"

他在北京见到一位女作家,她说:"你这人是个没心事的人。""我看她的小说,发现写的都是很失落的东西,都是心事重重的人,好像怨意很重。我没心事是因为放得下。"

其实,也不是真的放下了,有些东西,他只是暂时搁置一旁。

索尔·贝娄书中那些知识分子,不太会因为钱的问题,或一些很俗的问题烦恼,却会遇到一些很可笑的事情,比如"相亲被准岳父刁难""其貌不扬的同事炫耀老婆有多漂亮"。他暗示自己,这些烦恼才是高级的烦恼。眼前的现实却是:"我确实很缺钱,需要经济收入——但是那又怎么样呢?我怎么也学不会把它当作目标去追求。"

他认为赚不到钱、囊中羞涩,跟为钱而焦虑是两回事。囊中羞涩是个事实问题,敦促你马上去行动,而焦虑取决于焦虑者本人。

将写东西和赚钱结合在一起,并不容易,但,也没有那么难。"我没有办法,只能做自己喜欢的事情,让我看K线图,注册一个账户去理财,你宰了我我也做不到啊。"

他说,他是靠着读书——和作家交流慢慢让自己内心强大起来的。但在这个过程中得不断输出,也就是写作。而写作,是最适合他的表达方式。

安全感和不确定

写作者往往给人以从没工作过的感觉。但云也退有过将近十年的上班族生涯。

他换过七份工作，做过办公室的实习生，做过秘书，当过记者、编辑、广告公司策划等等，他对工作的要求不高，但有一条，"必须清闲"。

"如果你一毕业就满负荷地工作，今后哪怕换一份压力相对小的工作，大概也不可能在八小时内真正有几分钟松弛的时间了。"

考研的那两年，他整天泡在BBS里。甚至考研前一天晚上，他还在论坛里讲话，发帖。在现实以外的地方，他将那些不轻易示人的奇思怪想和不被人接受的自以为是的见解，当然，还有对一些书和文章不留情面的批评，痛痛快快地写出来了。"文字写出来是任人宰割的，它有什么纰漏，或是言不由衷，或是存心曲解，我都设法给找出来。"

那段时光，现在想起来依然令他愉快。坛友觉得他视角总是出人意料，送他"古灵精怪"的评语。他在BBS上收获了自我的价值感。有一个网友，他跟他才聊上几句，对方就说要送本书，那是他在书店里看到但舍不得买的一个大厚本，名叫《二十世纪的书》。

也是因为发表在论坛里的文章被看见，2005年的某一天，他接到一个领导的电话："你来《东方早报》吧，你的文字没问题。"当时，他在一家做华交会的展览公司做秘书，勉强和文字扯上关系，偶尔核个合同条款，也算和读的法律专业沾了边。他在公司总是一声不吭，同事得知他要去当记者，都惊诧不已。

事实上，云也退骨子里确实有一种浑不吝的乐天派性格。在《东方早报》的前半年，他每周得写两篇4000字的稿子，还负责一些边栏；第一次采访的人，是一家咨询公司的总经理。那人姓梁。他第一个电话打过去，自我介绍了一通来意，本以为最好的结果是对方说：这星期我没空，下周你过来吧。没承想，这位梁先生爽快地问：你报社地址是哪里？我过来。

"他来了，很热情，很谦虚，还要合影，后来还把照片放在公司网站上。"

云也退觉得这事有点好笑。但信心树立起来了，好像当记者一点也不难。后来他又几次三番打电话给梁先生，甚至半夜打过去，梁先生也会接起来。

他在这家报社换了几次岗位。记者干了大半年，他换到文化艺术类的岗位，之后又调了几次岗。他在《东方早报》待的两年，一直很动荡。没有领导知道该怎么用他，也或许是因为他从未真正为谁所用。挫折虽然不少，但也有成就感。比如他曾经做过一次萨特诞辰的专题，他组稿，还自己写。他喜欢萨特，还翻译了一本书叫《加缪和萨特》。

萨特的学说影响他至深，让他坚信做过的决定、行为的结果，都该全然接受，并在其中找出意义，如果没找到，那也只是暂时没看出来而已。

写书评多了，会显得自己很懂一些理论，于是出版社的朋友就找他翻译一些哲学家的著作。他说，其实自己的英文并不好，三联的朋友约他翻译萨义德的《开端》时，他先是选了书中一大章关于康拉德的文字来翻。"翻完感觉很爽，发给编辑看，编辑也说好。"谁知他再从头翻，立刻翻不下去了。"太难懂，都是一些早期的大词。"

但后来好歹完成了，从2008年签约，直到2015年书才面世。"以后应该不会再翻译了。"他利索地摇摇头,一副不愿回首的样子,叹着过去的翻译大多是囫囵吞枣,他做翻译最大的心得是:"如果译出来的一个句子自己回头看不明白,一定是我的问题,而不是作者的。"

在最后一段职业生涯里,他有时整晚留在公司攻译稿,干完了这趟差事,他也离开了公司。"我经常失业。"他眯缝着眼睛,声音很轻。

他把对职业的理解写在了书中:"'职业'是个形容词,意味着把工作合理分配给相关人,确保流程上各部件的运转良好。效率的背后总有一双精明冷酷的眼睛。"

就像阿摩司·奥兹不喜欢"永恒"这个词,云也退不喜欢"职业"这个词。他的每一份工作都不超过两年,他尤其喜欢这种不稳定感。"我总在质疑自己,我对庸常的、一成不变的节奏总是怀疑的。"

"我是一个会思考的墙角,有时候堆垃圾,有时候被挖走。"从一家小的杂志跳槽到广告公司时,他在网络签名里留下这么一句聪明话,让前同事气不打一处来。

十年前,他读完了一本意识流小说《泽诺的意识》。"可说是为我写的书,这人的纠结,到了一种要爆炸的地步。"

作者伊塔洛·斯韦沃,是个很低调的作家,生活多有不顺,写的小说一直不出名,到了晚期,这本书才奠定了他的名声。主人公泽诺做每一桩事情都犹犹豫豫。想要戒烟,使劲没戒掉;喜欢一个人,结果跟另外一个人结婚了;跟人合伙开公司,结果把那个人生生地熬死了。

"因为他各种迟疑不定,各种拿不定主意,各种优柔寡断,各种跟自己较劲,明明应该这么做,非要那么做。有时候歪打正着,有时候弄巧成拙。"

这种性格中的南辕北辙和左右互搏,让云也退真切地看到了自己。

每当他极力想要获得一种掌控感,就对自己说,连来到这个世界都不是自己能决定的,还有什么是可以掌控的?

有的作家再现他,有的作家安慰他,比如康拉德。康拉德当过十多年水手,与风暴搏斗是家常便饭:腰上绑着粗铁链子,上一秒钟还风平浪静,下一秒,人就不知道自己被巨浪打到哪儿去了。

云也退则试图在安全感和不确定中找到一个可以安置自己的位置。他知道,找到自己的位置很不容易,必须接受不确定。他的个人标签一大堆:独立写作者、记者、旅行者、翻译工作者、相声评论人、书评人。现在可以加上"作家"了。

他享受新的角色,与其说是厌恶固定的身份,不如说是恐惧一成不变。他无法忍受身份的捆绑,极力想要逃离无形的束缚,比如职业,比如那个没有书房的家。

他一再提及自己从小到大都住着比较狭小的空间,童年待过三代同堂的弄堂老房子,有过大冬天在十几平方米的亭子间里开着窗睡觉的经验。他上的中学、大学面积都很小,宿舍也逼仄。

所以他总是任性,总是出逃。

这种任性,被他赋予了一种浪漫主义。

他倾慕《三国演义》里那些位浪漫的主角。他曾写过一篇相声随笔《冷兵器时代的英雄》,至今仍抱着念想,要写一个以曹操为主角的剧本。

他玩一款很老的RPG游戏《轩辕剑:云和山的彼端》,喜欢主角的漫游,喜欢剧中慧彦禅师试图独力阻止一场大战的悲剧气质。他爱打游戏,曾在一家公司上班的头一天,因为打游戏把电脑弄故障了,不得不跟朋友求助,让他连夜赶来修理。

或许在他的心中,也暗暗希望自己活成一个浪漫骑士,被内心的嘶嚎驱使着去往中东，遇见基布兹，一边在葡萄园劳作，一边摸清自己想要的究竟是什么。

改变

小时候，父亲想要激起他对语言的兴趣，让他听相声。他起先没怎么在意，后来越听越觉得有韵味。

他即兴给我讲了一段马季和唐杰忠的相声《新地理图》，眉飞色舞："……香酥洛杉矶，红烧斯德哥尔摩，虾仁炒约旦，清蒸乌拉圭。"

"你有没有发现，这几个国家不能换的，换了就没有那个味道了，斯德哥尔摩必须是红烧的，乌拉圭必须是清蒸的。"

他喜欢相声里头对语言的别解和角色的错位，也试着将这种幽默写进书中，而不是去写"伟大的民族"和中东政治，就连曾经吸引他、被他认为是逃避之所的世外桃源基布兹，写出来也不是那个仅仅意味着和谐、安静的样子。"如果一本书出来不能让人笑，是很失败的。"

他学会了不崇拜，因为崇拜总会在人与人之间造成位置的不对等。云也退说，他认识过的那么多犹太人，其对自我的认知都让他十分佩服。生命中很少有这样的时刻，像这样从犹太人的自嘲式幽默和"Maybe""I don't know"的口头禅中攫取智慧。

云也退寄住的最后一个人家，男主人是一位青年男子，妈妈是利比亚犹太人，爸爸去世了。"他矮矮胖胖，大圆脑袋，扁脸，头发很黄，戴着一副玻璃瓶底般厚的眼镜，人很憨厚。"家里的东西也许都收纳了起来，外边看不见什么摆设，他将自己不大的卧室让给云也退，房间里除了一张床、一架橱，只在对着床的墙上挂了一幅电影海报：《魔戒》里的咕噜姆平静地站在山崖上，下面是岩浆翻滚。

他不禁心生疑惑，为什么会有人挂这样一幅海报在自己的房间里呢？一个年轻人，难道不应该挂个明星的大照片，或者挂把吉他、弄个篮球筐什么的吗？

三天后，他告辞的时候，男主人问有没有注意到墙上的画，他说注意到了，那是咕噜姆。男主人满不在乎地指着自己说："It's me!"

这个以色列青年就是一个相貌平平的人，他完全接受这样平常的自己。"不是亲眼看到，我无法想象这种认知，他没有工作，因为眼睛不好兵役也给免了，他说咕噜姆就是他，他不需要任何让他产生自我拔高的感觉的偶像。这是本事，太厉害的本事。"

云也退被这种不寻常的骄傲也是潜藏的幽默所打动了。他说这种骄傲、这种幽默感能"治丧"，那个小伙子都不是有意自嘲，他是在完全确认并尊重自己的样子的基础上发现乐趣，如此给生活添加了积极的意义。

就像加缪说的，要从每个人身上看到正确的东西。"如果能给自己的经历、行为赋予意义，就不会随随便便落入沉重感了。"

从以色列回来之后，云也退觉得自己变了，和以前"根本就是两个人"，却讲不出具体的变化是什么。就像天上的云，时而离散，时而簇拥，却已不是那片云。

side B

三明治　　你有没有什么特别的写作习惯？

云也退　　我不喝咖啡，但是会去不同的咖啡馆，能蹭网络、不要太吵就行，有时候点一杯奶昔，有时什么都不点，自带一瓶矿泉水。我很馋，旁边有吃的东西我就会拿，咖啡馆里吃的要付钱，就克制住了。通常我会同时打开几个文档，都是喜欢的题目，就看那天更想写哪一个。有时候看一个资料，觉得好看，也会放下手头的事情，先写这个。没有时间恐惧症，时间是自个儿定的，完成了就到时间了。为什么要被时间牵着走呢？如果一篇稿子周二交，一篇周日交，我会先写周日那篇，留给周二更少的时间。逼一逼自己，更能产生成就感、效率感。

三明治　　你的介绍里有多重身份，独立写作者、独立记者、旅行者、翻译工作者、相声评论人、书评人，你是如何在所有的身份里切换的，哪一重身份是更贴切的？

云也退　　他们都是我，我不喜欢固定在一个身份里，觉得是一种束缚，更喜欢一种不稳定感。写书评是我的业余爱好。我喜欢做的事，全都是跟工作无关的。当秘书时看格式合同，其实也没什么可看的。但工作能给我一些保障，一些时间，让我不受干扰地做很多事情。我的大部分工作时间是留给自个儿的，干什么都半心半意，跟人聊天，写文章。

做翻译是想要把英语学好，早年写的书评，现在根本没法看，拿出来嫌丢人，但那时就有出版社的朋友就来联系我，找我翻译。架不住我喜欢那几个作者，就答应了。

我就是一个到处是意外的人，一辈子全是意外。

《责任的重负》重版还修订了，只要是没看懂，必然是我错，只要是看懂原文的，不可能这样翻译的。当时的风格带有翻译腔，有很多句子是囫囵出来，含糊的，我没想清楚，就写出来了。

喜欢相声，所以写相声评论，我还想着有一天写一个关于曹操的剧本呢。

以前看过一本罗伯特·格雷夫斯写的 *Goodbye to all that*，写一战时期的事，是30岁不到的年轻人写的回忆录，以前看过一个新闻，英国人评选男人最该看的十本书中第一本就是它。这位罗伯特·格雷夫斯就是很多栖、很全才的人，能写这种书，也能写希腊罗马神话，写小说，也写剧本。我会很想成为这样的人。

三明治 你曾经在一篇书评里提到选择把文艺跟赚钱结合到一起，2012年辞职成为独立写作者后，如何平衡爱好和收入呢？

云也退 将写作和赚钱结合是因为不得不这么做，我只能做自己喜欢的事情，让我看K线图，注册一个账户去理财，不可能，我做不了这个事情，只能做最顺手的事情。

写波德莱尔，写得自己很感动。他出了新书也要想法找人帮他推广，出精装版送给雨果让他帮忙写评语，后来波德莱尔被告了，说他的书有伤风化，他也害怕，怕吃官司，要想办法找人帮自己撑腰，要向舆论解释自己是反讽，并不是迷恋撒旦，他也生怕自己的职业生涯完蛋，身败名裂。他也要和法官检察官搞关系。人真的没什么了不起的，作家很脆弱，认可这种脆弱，既不拔高又不暗暗含恨，才能写出好作品。我现在给各家媒体平台写专栏。哪怕有别的事情使得我在财务上更宽松点，也不善于推拒。

还有不少是一些独立的约稿，有时候找我去访谈一些人。有一次写高铁通过的小城，选了宜春。我到哪儿都能发现有意思的事，我到了宜春，找了一家旅馆，问前台有没有Wi-Fi，前台说我们有电脑啊，我说我有电脑啊。前台说，你用我们电脑啊，打游戏够了！

我不打游戏，我工作啊！

后来我去大排档，点了一盘田螺，掏钱的时候从兜里摸出一枚港币，老板娘一看说，哦，游戏币。这些小细节特别反映小城市的生态。

现在还是自由，可以写自己想写的东西，有非常多的心得是一边写一边出来的，有时候会写得很激动，一本书本来没什么了不起的，写着写着就触及心里的某些角落了，好像有了一些所得，有了一些灵光。

三明治 你在微博上称自己是无可救药的乐观主义者，你觉得和以色列人的乐观有什么相同和不同之处吗？

云也退 我的乐观大概来自给自己的行为、遭遇赋予意义。有些人一想到意义就寻短见去了。我是反过来的，先有了结果，再思考这个结果说明了什么。我问自己很多问题，但是不太问自己什么事情"意义何在"，因为既然开始问了，那意义就不成问题了。加缪说，要从每个人身上看到正确的东西。这就是地中海精神。如果能给自己的经历、行为赋予意义，会感觉踏实，会有一种掌控感。以色列人的乐观源于悖论，在承认不可控中获得自控。我也喜欢存在主义的设定：每个人的出生都是一件不可控的事。

乐观的人，心里面不能有什么不能被侵犯、一被侵犯就要火冒三丈或至少一脸困惑的东西。说穿了还是放下自己，我知道自己无足轻重，我才会乐观。不过，身体上被侵犯了，还是要有点反应的。

三明治　哪些作家对你影响最大？

云也退　太多啦，康拉德、阿特伍德、加缪、贝娄、特朗斯特罗姆、卡洛斯·富恩特斯、萨特、奥威尔、安德烈·莫洛亚、安德烈·纪德、雷蒙德·卡佛……我会把他们和我在一起干的那些事儿都写下来。

三明治　请给写作者们推荐三本书。

云也退　《四季随笔》《人的大地》《阿尔及尔之夏》。

天真忧伤的小说家

我们现在还依赖文字,到了未来,人类很可能不依赖文字了。

默音:作为小说家,我对文字的未来是悲观的

撰文
万千

side
A

从出版社辞去编辑的工作之后，默音在2020年新出了一本长篇小说《星在深渊中》，30万字，509页。

在这本小说里可以看到许多现代生活的符号，比如书中主角陈晓燕会在自己的公众号上写文章，里面提到的年轻女孩喜欢听米津玄师的歌曲，年轻人会玩《阴阳师》，看日剧《约会～恋爱究竟是什么呢～》……这是一本离我们现在生活很近的书，同时，作者又用文字制造了一座迷宫，隐藏的路径是书里悬疑情节的核心——主角死亡的真相，而书中错综庞杂的生活碎片为读者揭开案件之外更多值得思考的命题。在大部分场合，这本书会被介绍为有关失语症群体的故事，其实里面所体现出来的沟通困境是多维度的，不只局限在某一个群体身上，不免让人想到，如今的读者还有没有耐心去消化这么长篇幅的故事，接住小说家在书里抛出的问题。

在默音看来，她的小说是写给和她同时代的人阅读的。

从2009年开始，默音在张悦然主编的文学杂志《鲤》上发表短篇小说，之后陆续出版了《月光花》《人字旁》《姨婆的春夏秋冬》《甲马》四部小说，除了《人字旁》，另外三本都是长篇。

她一直写得不紧不慢，在大部分时间里非常低调。

在即将迈入40岁的门槛前，她辞去了出版社的工作，为了更专注地写小说。在出版社工作的那几年里，默音每天六点半会起床动笔写一个小时，大概能写 1000 字左右的内容，然后八点出门去上班。这是她一天里唯一的写作时间。这个习惯一直保持着直到辞职。

生于 1980 年，作为一个在云南长大的上海知青家庭的孩子，她把自己童年生活的地方也写进了长篇小说《甲马》里，那个叫作弥渡的小镇。镇子很小，四面被山包围，那里的人们从来不看天气预报，想要判断是否下雨就抬头看看远处山尖上云的状态。

14 岁那年，回到上海生活，她讲着一口"云普"。由于教材不同，中考进了一所职校，"中层管理"专业，后来才知道这个专业的对口工作是分配到商场当营业员。1995 年夏天起，默音在八佰伴商场实习，一年后成了正式员工。那时候她热衷于日本漫画，买了画具，想要成为一名漫画家，也爱看《科幻世界》，构思了一周，写了一篇 6000 字的小说投稿，得了 1996 年的"少年凡尔纳奖"，有 300 块欧元的奖金。这在当时几乎是一笔巨款。

第一次在《科幻世界》上发表作品之后，因为刊登了学校名字和真名，默音还收到了几百封读者来信。她没想过要通过写作养活自己，于是做了很多不同种类的工作：日企翻译、日企 IT、日文免费杂志编辑。也在那些年里，陆陆续续地学习日语，通过了成人自学考试。

在 2006 年，她决心成为一名编辑，开始备考上海外国语大学日语系研究生。因为在豆瓣写书评，认识了出版人，获得了在出版社实习的机会，慢慢正式走上编辑和文学创作的道路。

《星在深渊中》的图书编辑李蕊说默音给她的感觉像是有文字洁癖，她的文字内容特别干净整洁，很少有病句、错字。而最新这本长篇小说在正式出版前，按照默音的记录，前前后后修改了八遍，每一遍几乎都是重写了整个故事，之后还做了两遍审校。

现在，默音继续保持着翻译日本文学作品和写作的节奏，她对一切显得不那么着急，也对咖啡、器皿、旅行都保持着兴趣。

她正在构思一个故事，设定在未来，人类已经不需要阅读了，戴上一个设备便可以感受由其他人扮演出来的经历。她说："我对文字的未来是比较悲观的。"

side B

小说永远是写给与你同时代的人看的

三明治　这次新书是一本字数超过 30 万字的长篇，村上春树用"跑马拉松"来比喻长篇小说的创作，你会有这样的感受吗？

默　音　写《星在深渊中》这本书最早的计划不是写长篇小说，而是一系列中短篇小说的集合。在日本有一个词叫"连作小说"，一本书里每一则中短篇小说的故事是独立的，而其中的人物是有关联的。我起初就是想写一系列跟甜点有关的故事，开始写了 4—5 篇，包括这本书现在有一个番外，叫作《最后一只巧克力麦芬》，也来自最初的雏形。现在在豆瓣阅读可以读到那则番外。

最早这本书也不叫这个名字，后来重新开始写，它慢慢变成了一个长篇。反正也是经过了很多波折。最后总共写了八稿，直到写到第五稿的时候，我才知道故事里的凶手是谁。

三明治　中间设想过这个故事的凶手可能是其他人吗？

默　音　故事里的每一个人都可能是凶手，最早也写过其他人是凶手的版本。我自己觉得这是我在写作上不够成熟导致的。有些成熟的作家在一开始就把故事的整个架构搭得很好，然后就能按照自己的计划书写。我虽然做了一个大纲，结果这个大纲在创作过程中不断被推翻和改建。一直到第五稿的时候，故事的大纲才大致成了最终的框架。

三明治 这本书里面有一个很吸引我的特质，就是它非常现代。书里很多元素非常贴近现在人们的生活，比如我读到书里有个人物在玩《阴阳师》游戏，或者听米津玄师的歌曲，等等。这些元素是你有意设计的吗？你又是如何选择这些元素的？

默　音 本书歌单来自某朋友的贡献。其实《甲马》里也有歌单，不过《甲马》里出现的歌单是 90 年代的歌单，《星在深渊中》出现的是一个更现代的歌单。里面有一两首歌是比较重要的，因为会和故事的整个氛围有关，所以是仔细挑选的。其他歌曲就是生活在那个时间段、符合书中人物年龄的人会听的歌，没有什么深意。写到的游戏和剧都是在那个时间线正好流行的。

但是书里所有提到的小说都是有深意的，我里面写到的黄依然在看的书都是和她的遭遇有关的。

三明治 在小说创作中处理这么贴近生活的素材时，会有什么困难吗？

默　音 其实也没有特别"近"，这本书主要的创作阶段是在 2018、2019 年，而故事的背景是在 2016 年，对我而言，隔着两三年的时间，它还是一个发生在过去的故事。第二点是，肯定会受到影响。我原来没有想过这本书里会出现这么多跟性侵有关的内容，也是受到 2018 年的"MeToo"运动影响。

外部的声音会投射在创作的过程中。这不是我有意安排的。

三明治　　所以其实你的小说更多是想去呈现在这几年里面你所关注到的，或者说对你有影响的一些事件，然后通过小说这个载体去进行一种表达。

默　音　　对的，在创作这本小说的一开始，我其实只是确定了几个主人公的年龄和身份，要写他们从千禧年一路走来的故事。我自己现在回望，会觉得我们的生活跟 2000 年前后的状态是完全不一样的，包括一个人的心态、生活方式以及对事物的感知。尤其是进入到"微信时代"之后，互动方式变了，一个人接受事物的方式也变了。

当然，你不可能说一本书能体现所有这些东西。最核心的，我原来是想写失语症，但是我想把这些对时代的观察也收纳进来。所以小说出版之后，有两种截然相反的意见，一种觉得它还蛮吸引人，因为故事是有悬念的，有人会一口气读下去；有的人认为里面碎片太多了，拖泥带水。我觉得这两种意见都是可行的，每个人看书有他自己的感受，书的最后完成是靠读者的阅读和再构建。

三明治　　有些创作者在面对特别当代的素材时，可能会遇到的一种困难是无法下判断，或者要经历更长时间的反刍才能够动笔。譬如说书里提到主人公陈晓燕的职业是写公众号的，但可能公众号这个事物本身是只有经历过这十年中国生活的人才会懂的一个词。是否会担心所记录的一些事物是速朽的？

默　音　小说永远是写给与你同时代的人看的。也许未来五年或者十年的人再读这个小说，会觉得它依然重要，也可能已经不那么重要了。但最关键的还是跟你一起有过相同时代经验的人来读这篇小说。

几乎整个 2020 年，我都在翻译樋口一叶的作品，我们跟她隔了一百二十年，而且她在创作中使用的并不是现代日语，所以现在去捕捉她笔下的一些细节感受是非常艰难的。现代日本读者阅读一叶的作品也是通过现代文译本。那么到了我翻译的中文译本，读者能捕捉的只有一些经过过滤的气息了。比如一叶在文中引用了一句歌谣，在她的时代，所有人都知道歌词的前后文和语境，我当然会加注解，但现在的中文读者也只能通过这样间接的方式来了解这首歌为什么会在这里出现。

小说就是一个当下的事物，当然，它可以被隔代阅读。不过我觉得当下的阅读是最重要的。

三明治　所以你书里留下的很多当代生活的符号，也像是作者和读者之间的一种互动，如果有相同体验和经历的读者，可以接收到这个信号。

默　音　就好像村上春树的作品里也会引用很多歌曲，作为读者肯定不是全都知道那些歌曲的内容。当然，也有特别迷他的读者会去把整个歌单列出来，全部听一遍，为了更了解他的作品。作者写的时候肯定是有用意的。每一个人在读小说的当下，他的接受程度都是不一样的。

小说的很多细节就像不起眼的碎片，有的读者会注意到，我觉得当然是很好的，注意不到也没关系。

三明治 在创作的时候，你会有一个自己想象中的读者吗？

默　音 我没有想象中的读者，有几次看到别人说废寝忘食地读这本书，我就很开心。

现在其实愿意写很长的长篇的人真的不多，我自己也没有想会把它写得这么长。写完当然还是很开心的，觉得完成了这样巨大的工程。而且，如果从现实的角度来说，写长篇的回报率是非常低的。因为中短篇可以先在杂志上刊发，先得到稿费，然后最后再集个集子。很长的长篇基本难以刊登在杂志上。另外一点，就是大家有没有耐心来读这样长篇幅的作品。我觉得路内的《雾行者》非常好，但是网上看到的讨论也不够多，可能跟它巨大的体量也有关系。

三明治 既然这样，创作长篇小说会是一件特别寂寞的事情吗？

默　音 不会。我笔下的这些人物已经跟我的生活密切相关。我有一天做了一件特别傻的事情，就是直接在我的微信联系人里面搜"杨树海"，搜完才想起来他只是我小说里的人物，并不是真的存在。

三明治 这些虚构的人物是怎么样一点点在你生活里变得那么具体的？

默　音 之前都还是很模糊的，在我写的前面几稿里，对这些人物都没有任何的外貌描写。可能写到第四稿的时候才加了进去，渐渐清晰起来。

在创作的时候，我每天都会试图去多了解这些人物一点。而且因为大家现在看到的文章顺序跟我的写作顺序不一样，比如说那些人物儿时的回忆，我可能很早就写好了，所以对我来说，我很早就知道他小时候是个什么样的人。但对读者来说，是先看到小说里这个人物成人时的样子，然后才慢慢发现他的过去。

三明治　你写过一篇名为《尾随者》的小说，我觉得那篇小说的设计也很巧妙，里面主人公的职业恰好也是公众号编辑。你对这个群体是更有兴趣去书写和关注吗？

默　音　《尾随者》这个故事的本质是一个人太羡慕另一个人的人生，想要把另一个人的人生据为己有。如果里面人物的工作不是公众号写手，故事的核心依然是成立的，只是因为事情正好发生在这个时代，所以我把公众号的设定加进去了。这种对生活的"剽窃"可能是任何一种形式。

三明治　是，但这种设定现在读来会觉得特别契合。

默　音　因为大家也都知道公众号剽窃现象很严重，而我在《尾随者》里写的这种剽窃方法，可能大家还没有看到过，因为剽窃的是别人的生活本身。

为了全心创作，辞去出版社工作

三明治　创作《星在深渊中》时，你的写作状态是怎么样的？

默　音　写这本书的时候比较苦，因为一开始我还在上班，九点要到出版社。所以我每天早上六点起床写作，写 1000 字，然后就去上班了。吃早饭的时候，我会看自己昨天写的内容，然后做一些修改。上班的时候，我晚上是不写作的。后来我就辞职了，因为写不动，长篇还是要花很多精力。

三明治 写 1000 字大概会花多久？

默　音 一个小时。基本上，我的写作速度就是这样，不管写什么内容，都是一个小时 1000 字左右。但是这 1000 字有可能是废的，可能最后完全不成立，我就是先写出来，之后再改。

三明治 你是一个很自律的作者？

默　音 我觉得写小说和翻译有点相像，需要每天投入一点时间，否则的话，就很容易变成拉松的橡皮筋，没有办法保持状态。保持状态很重要。可能跑步的人会比较理解这一点。

三明治 改稿习惯是怎么样的？

默　音 迄今为止的改稿比较漫长，每一稿都是重写。所以《星在深渊中》改了八稿，是指我写了八遍，有一些主干的部分是沿用的，大部分是重新写的。

三明治 我从这本书的编辑那里得知，你交上来的稿子很少有错字、病句，非常干净整洁，这算是一种语言洁癖吗？

默　音 不，这只是编辑的职业素养。后来看到校样的时候，还是发现了几个小的硬伤，让我有点后怕，然后又继续改。因为这部小说它涉及一个比较严密的逻辑，虽然表面上是一个城市故事，但因为描写了一起案件，会涉及里面每个人物在他的时间线做的事，这些时间线最后咬合到一起不能有破绽。

三明治　在长篇小说的完成过程中，编辑能够给到作者怎样的支撑？
默　音　一本图书的最终呈现靠的是编辑把关，不管是封面、宣传文字，还是对故事核心的提炼等。毕竟书不是写完就结束了，所以编辑有点像长跑者在最后冲刺时的助跑者。现在网店呈现一本书，往往会用一句话来归纳。我自己是无法归纳这个故事的。如果一个作者能够用一句话或者一段话归纳自己写的故事，那可能他都不会去写这本书了。肯定是有很多你觉得无法归纳和无法归置的东西在那里，所以才会让你用这么长篇的体量来表达。

原来的理想是当漫画家，不是小说家

三明治　你小时候对于自己的身份认同是怎么样的，在云南的时候会觉得自己是上海人吗？
默　音　不会，但是会有种略微像"蝙蝠"的感觉，既不是上海人，也不是云南人。因为我在云南的时候我们家是讲普通话的，在学校所有人都讲云南话，我后来就变成一口"云普"。我刚回上海的时候，普通话是很不标准的，前后鼻音不分。云南人是没有"昂"这个音的，就是念"安"。

三明治　14岁回到上海，对这座城市的印象如何？
默　音　那时候刚回上海，可能就觉得物价很贵。之前在云南是感觉不到的，可能县城里大家都没什么钱，你也觉得挺自然的，然后你突然就被抛到一个你可以很清晰地知道自己跟同学的消费是不一样的状况里。但也没有特别清晰的自卑感，因为那个阶段很快就过去了。我们念的是中专嘛，很快自己就有收入了。

从县城到上海，最大的文化震撼来自突然接触到大量的漫画。那个时候我的日常生活，除了上课都在看漫画，是典型的"漫画少女"，然后还跟同学一起画漫画。我原来的理想是当漫画家，不是小说家。

三明治	童年时，想过自己会成为一个作家吗？
默 音	因为小时候作文写得好，可能有人会鼓励我说，希望你将来成为作家。我自己没有很具体地想过。我十五六岁的时候是一心想画漫画的，还投入了"巨资"买了很多东西，像网点纸什么的。我写了漫画大纲，然后画了封面，拿去展示给一个漫画杂志的编辑看。那家杂志社正好在我家附近。他们说你起码要画一个16页的故事。那时候我和同样在商场工作的好朋友，两人的休息时间都是用来研究漫画分镜，一开始并没有想要写小说。

另外一本长期看的杂志是《科幻世界》。以前在我们那个县城买不到什么杂志，好像只有《科幻世界》《故事会》。其他纯文学杂志也看过几期，觉得离自己特别远。那时候是1995年、1996年，新概念作文大赛也还没举办。

在八佰伴实习的时候，商场办了一个西安碑林拓片展，我被分到展厅待了一个星期。站在四面都是拓片的空旷大厅里实在太无聊了，我就想了一个科幻小说，很快地把它写出来了，6000字，那时候当然是手写。写完我就投给了《科幻世界》。之后就收到了他们的回信。我还记得编辑莫树清老师的字特别好。莫老师写道，我们杂志有一个"校园科幻"栏目，该栏目没有登载过这么长的作品，一般都是两千多字，但是因为你这篇很特别，所以会录用。然后又过了一段时间，又来信说，这篇作品得了1996年的"少年凡尔纳"奖，一年只有一个名额，有300欧元的奖金。

三明治　当时什么感受？

默　音　当然是很开心的，相当于3000多元人民币，在20世纪90年代算是一笔巨款。

三明治　这笔奖金怎么花掉的？

默　音　给我妈了。

三明治　当时觉得成为一个小说家或者一个专业作者是一条明朗的道路吗？

默　音　那时候还没有想过自己会一直写小说。这个奖项带给我的，首先是发现"哇，写小说能赚钱"，但很快又发现这是错觉。因为那会儿在《科幻世界》发表稿件的稿费其实是很少的，可能写一篇小说就一百来块钱，你不可能靠这个生活。我后来也继续写了几篇科幻。写得很慢，可能一年才能写一篇的样子。因为还不成熟，绞尽脑汁也写不出什么东西。

另一点是，第一篇小说发表以后，我收到了很多读者来信，可比现在的读者反馈热烈多了。"校园科幻"栏目会出现作者的学校和真名，读者就可以根据这个信息写信到学校。其中有几封特别打动我的，我就给他回信，成为笔友什么的，还有实际见面的读者。这样的情况维持了一段时间，以至于很久以后我新认识的一个朋友还和我说，他之前看过我在《科幻世界》写的文章。

再后来，2002 年左右，论坛起来了，我就在论坛上写恋爱小说，比方说天涯论坛。论坛的写作也没有一直持续下去。和小说世界的重新接触，起源于我想做编辑，开始备考上外的研究生。

三明治　当时是怎么看待编辑这份工作？

默　音　觉得是一份理想的职业，可以看很多书——这也是一个错觉。在我表示说想要做编辑的时候，也听前辈说过，编辑的工作可能会和理想有差距。

那时候豆瓣也才刚刚起来，我在上面认识了出版人彭伦。那时他在豆瓣上送书、要书评，他是最早发起这种活动的。我就要了一本书，写了一个书评给他，他觉得我写得蛮好的，我也跟他表达了我想做编辑的心愿，他说那你来实习吧，我就去了"九久读书人"实习。

实习期间，我负责编辑了一本年轻作家的作品合集，整本书读下来，我觉得这样的作品我也能写。我很快就写了一个短篇，写完了不知道应该给谁，就去问彭伦。他说张悦然她们在做一个杂志《鲤》，可以给她们投稿。我重新开始写小说之后的几个短篇都是给《鲤》的。

三明治　　那个时候你的创作节奏是怎么样的，还在念书？

默　音　　我是2009年研究生毕业的，毕业后没有立即当编辑，被很低的月薪吓跑了（笑）。我也没上班，自由职业，做小说翻译。时间是有的，但没有像现在这么自律，那个时候也没有规定自己每天写多少字。《甲马》的第一稿收到了《收获》杂志的编辑鼓励，我就开始改稿，虽然最后没能在杂志上发表出来。后来我放下写了两稿的《甲马》，写了《月光花》，是个有科幻色彩的故事。

三明治　　所以最先出版的是长篇《月光花》，然后是短篇集《人字旁》，最后隔了若干年完成的《甲马》又是一个长篇。你是怎么安排自己写短篇还是写长篇的节奏？

默　音　　短篇比较随机，有想法了就写一篇。长篇需要准备工作，材料上的，精神上的。
　　　　　我觉得我真正学会写小说，或者说对小说有些感觉，是当我写了一个关于女同志"形婚"的小说，叫《逗号，句号》。我对《鲤》之外的纯文学杂志没什么概念，在网上看到《上海文学》一位编辑崔欣的邮箱，就给她投过去了。没有想到她隔了三天就给我回信了，说这个小说不错，要留用。我完全不知道她是怎样的一个编辑，后来接触慢慢多了，发现她很严格，她经常会给一些非常具体的意见，和我讨论小说里的人物、细节如何处理。遇到好的编辑，对作者来说就像邂逅好老师一样，真的能让你成长。

三明治　　《月光花》出版后，作为一个刚出了一本新书的作者，心情如何？

默　音　那会儿觉得能出书就很不容易了。其实即便现在，出书也还是很不容易的一件事情。不过其实在《甲马》之前，我的每本书的销量都非常惨淡，我也接受了这个惨淡的事实。

三明治　刚开始出第一二本的书的时候，是抱着怎样的心态继续写的呢？

默　音　《月光花》《人字旁》刚出版的时候，我是满意的，现在回头来看是不满意的。

写作总有个成长的过程。到了《姨婆的春夏秋冬》，这个作品我现在重看依然觉得满意。这本书写了蛮长时间。自由职业三年后，我去了文景，真的像最初想的那样成了编辑。上班后没有很多的时间写作。那时候处于一种——我现在看来其实是很黑暗的一个写作过程，就是自己闷在那里写。

三明治　写《姨婆的春夏秋冬》这本书的过程是你经历过的比较黑暗的一段时期，没有什么信心？

默　音　对，没有什么信心，然后那个书出了也没有什么反响。现在回望，我自己觉得《姨婆的春夏秋冬》是我写作的一个节点。那个故事是我第一次试图处理对自己来说是陌生的时空，而且不是科幻小说里的架空时空，因为它写到了 20 世纪 40 年代的上海。那个是真的看了很多资料来写的。也是因为如此，后来写《甲马》，写到西南联大相关的内容，我觉得还比较容易。

三明治　所以对你来说，你的"作家身份"觉醒或认同自己是作家的身份也是从完成《姨婆的春夏秋冬》开始的？

默 音 没有作家的身份，只有写作者身份。从写《月光花》开始，我就觉得自己是很喜欢写小说的，因为写小说带来的不是物质上的回报，而是精神上的一种完成感。而且我本质上是很喜欢写长篇的。因为中短篇伴随作者的时间是有限的，可能一个月到几个月就完成了。而长篇创作必须耗费非常长的时间，你必须整个人投入其中。写长篇对我个人而言能获得一种非常巨大的喜悦，所以我还是会愿意继续下去。而且我也是一个长篇读者，喜欢看很长的小说的，例如约翰·欧文的书。

三明治 现在你会怎么去安排你自己未来的写作计划？

默 音 这一次写完，我觉得蛮内耗的，可能短时间内不会写长篇了。从《甲马》交稿到出书这段时间，我一直在玩，什么也没写，然后《甲马》出来了，我有一种"不行，我得写点什么"的感觉，于是开始写之前悬置的《星在深渊中》。现在这本书完成了，我确实觉得需要再多读点书，多看一些地方，然后再来想之后如果再写长篇，方向是什么。现阶段可能写中短篇比较多一些。

而且我最近也在做一些翻译的工作。因为自由职业者不可能就指望着稿费。翻译相对是一个有保障的事业，你能知道这个事情做完了是有钱进来的。

三明治 为什么想学金缮？

默 音 我们家的器皿特别多，然后也有坏掉的，就要去找师傅帮忙修补。但现在做一个金缮还是蛮贵的，所以我想自己学一下，并不是想要做手艺人，只是想着家里有什么坏了，可以自己补一补。

三明治　当创作有压力的时候，你会做些什么来缓解压力？

默　音　你说的压力是指什么，写不出来吗？我的方法特别简单，写不出来就硬写，然后这一稿不行，就写下一稿。反正总能改出来的。

三明治　你怎么看待现在华语文学市场里出现的一些实验性强烈的文学作品？

默　音　目前还是在用比较传统的叙事来写，我也没有想过用新的文体创作。我觉得可以有各种写法。张天翼有一篇小说，全是票据，也很有意思。它的小说是没有正文的，就是用票据勾勒出一段人生。

三明治　坚持你认为的比较传统的叙事的话，其中有没有什么你在坚守的标准？

默　音　没有所谓的标准。其实对我来说，一篇小说写出来了，是独立于作者而存在的，接下来读者跟它的关系是读者自己生成的。你不能代替读者去读，每个人读到这个小说的反应是不一样的。对我来说，我对文字的未来是比较悲观的。前段时间我写了一篇科幻小说，假设未来大家都以一种"视梦"的方式来体会别人的人生。这种方式不是电视，也不是小说，它是通过直接刺激脑神经达到的虚构。我们现在还依赖文字，到了未来，人类很可能不依赖文字了。

你受到一个重大打击,想要把这些东西写出来,这就是强烈动机。等你把这个事情消耗完了之后,你才体会到真正的创作乐趣。

张怡微:写小说就是要改变这个世界

撰文
万千

side A

张怡微坐在我的对面,透过细边眼镜看着我。她和我举《教父》的例子。年轻的迈克·柯里昂一直想要反抗家族的命运,但是最后他还是成了教父。她的目光很坚定,没有任何犹疑,说:"一个人只有一种命运。"

我问她:"所以,你相信命运吗?"

她没有出声,点了点头。

不愿回望的"成名趁早"经历

跟在张怡微名字后面的,往往是一堆介绍,"上海作家协会签约作家""历获台湾时报文学奖、联合报文学奖短篇小说评审奖、香港青年文学奖小说高级组冠军"等。

2004年的时候,17岁的她参加了第六届新概念作文大赛,并获得了一等奖。一年后,她出版了自己的第一本书,属于"出名趁早"的年轻作家。至今她已经出版了近二十本书,包括长篇小说、短篇小说和散文集。

除此之外,她自己盘点了一下,在2017年里,她一共写了八十篇专栏文章,"但这是我巅峰时期三分之一的产量"。

这个数字对创作者而言，可以说是相当高产。但是，在聊起自己的作品时，她毫不避讳，甚至有点主动地说，"我写过很多烂文章"。

她现在在复旦大学创意写作专业教授研究生，有时候学生会拿着以前她写过的文字来问她：老师，这是不是你写过的？

这让她很意外地发现自己出的第一本书现在还收录在复旦大学的图书馆里。"在不一样的历史条件下，有些书是不应该出版的，可是它出版了，而且它还代表你，"张怡微说，"写作本身能让你成长多少，是很难的。恰恰是你必须回过头面对那些事情，才是让你认识自己的时候。"

初中刚接触到新概念作文比赛的时候，张怡微第一次发觉，原来作文还可以这样写。那时候，她把新概念作品合集第一卷翻来覆去看过好几遍，让她印象深刻的作者有陈佳勇、孙佳妮等。到高中时，她"怀着朝圣"的心态参加新概念。囿于社会经历不足，写得比较多的题材是校园和童话。

第六届新概念，光环没有前几年耀眼，对高考加分的助益也没有那么突出。不过，张怡微还是考取了复旦大学的哲学系本科，毕业后，继续留在本校念了文学写作专业的研究生。

这个专业2005年成立，每届只招一个人。那时候张怡微并没有把写作作为自己的唯一职业道路。王安忆对她说过一句话："你不要把自己局限在一个框架里。"

她尝试过各种各样其他工作的实习，做过记者，做过编辑，在房地产公司工作过，也在影视公司当过企宣。

但，这些经历从没有被写进她的履历里。

25 岁后，在台湾读文学博士

25 岁可以算是张怡微人生的分水岭。那一年，她做的一个重要决定是去台湾读博士。

被录取之后，张怡微算过一笔账，学费、房租、生活费、水电费等开销全部算下来，平均每个月的开销是 9000 块钱。

因为父母在她很小的时候就离异了，并且后来各自组建了家庭。所以她从来没有想过找父母给她经济支持。每个月的生活费都要依靠自己写专栏挣来，一篇稿费 500—800 元不等。

在很长一段时间里，她保持着早上五点三刻起床，晚上一两点睡觉的作息。而且，醒来基本就是在工作。"有的时候，你看我写吃喝玩乐，我哪有时间去吃喝玩乐。有一些我写的地方，讲实话，我没去过。"如果有约稿，她基本上只问两件事情："Deadline 是什么时候？要写多少字？"

文科出身的她，给《东方早报》一个经济类版面写过专栏，那时候她每天要对诸如上海召开全国自动贩卖机大会等消息了如指掌。

唯一一个她没有答应接下来的专栏，是一个足球专栏，"因为我真的不懂足球"。

这种状态持续了将近五年。其中，也遇到过一些危机。有一次，她帮东方航空的杂志写稿，关于台中旅游。她心想台中那就是日月潭、阿里山这两个景点。但是发表之后，台湾南投县政府让她在杂志上致歉，因为她把地点写混淆了。专栏让她写的是台中市的旅游景点，而非台湾中部。

后来，她失去了这个专栏。她觉得这件事情是一个信号，在提醒自己"这样的生活是不对的，你没有花很多力气在这件事情上，但实际上你又在消费这些工作"。

读博一共五年时间。最后一年，2013 年，她参加了几项台湾的文学奖项评比，她称之为"打比赛"。拿到奖金后，她做的第一件事是把未来一整年的房租转给房东。不用担心房租交不上之后，她开始安心准备自己 30 万字的博士论文。

当时张怡微住的房间，空间不够，她的床上也都摆满了书。每天睡觉的时候只有中间窄窄一条位置留给自己，所以她的睡姿总是笔挺着的。

写论文也是一种对自身的消耗。

完稿之后的某天，张怡微在路边等着垃圾车过来丢垃圾，突然感觉到自己心脏直跳，眼前一黑。在那一刻，她感觉到"原来小说里面'眼前一黑'是真的，就像是海面一样升上来"。

"我以前也是充满了幻想、充满了幻觉的文艺青年。我后来发现，女孩子有很多付出，有很多煎熬，都是自己想象出来的，不是实际。实际的代价就是健康的代价。"张怡微说。

我问她："你在这个过程中，有没有觉得写作是世界上最差的一个工作？"

张怡微说："没有，但我觉得这是我能最快变现、最快养活自己的方式。"

回到上海生活，在复旦教创意写作

回上海后，摆在张怡微面前的有两条路：成为专业作家，或当老师。

全国范围内，拥有博士学位的作家人数不多。张怡微最后决定回到复旦大学，担任创意写作专业的研究生导师。这个专业的前身就是张怡微硕士毕业的文学写作专业。不同的是，之前的学制是两年制，获得学术硕士学位，毕业时要提交一篇论文。而现在创意写作专业获得的是专业硕士学位，改为三年制，每一届大约招十七八人。学生毕业不用写学术性论文，但是需要提交一篇作品以及一篇类似创作谈的文章。

张怡微到现在为止，在学校内开设了三门课程：散文写作实践、小说经典细读，还有一门是当代文学鉴赏。在课堂上，她会组织学生一起"讲故事"，不用把故事写下来，只是通过讲述，来验证故事的合理性，讨论这是否是一个好故事。

"每个老师有自己的方法，王安忆老师她会借鉴美国的方式，她会故事接龙。"张怡微说。

除了教书，作为教师，张怡微还要继续做研究、写论文，"学校有自己的考核方式"。她从开始担任老师的一年后，发表了六七篇小说，不过都是短篇，一般要等到寒暑假才有精力筹备自己的长篇写作。

生活依然不是那么轻松。

张怡微现在和妈妈住在浦东继父的房子里。这是近两年才发生的事情。她的房间，不到十平方米，虽然有一整面书柜，但是书从地上到书桌全都铺满。"非常逼仄"，但是这是她最日常写作的地方。

等在上海的生活更稳定一点，她想要尽早搬出去，自己独立住。"工作压力还蛮大的，等我把这个阶段过完再说。"

每个月，她的手头依然在兼顾着十个专栏，有纸质杂志，也有线上平台。对她而言，写专栏，也是能够逼着自己看书的一种方式。例如近期台湾有个杂志约她写一篇9000字的和琼瑶有关的稿子，她要在两个月时间里把琼瑶的所有作品全部看一遍。

比起宣传自己的新书,张怡微现在倒更愿意去做《西游记》的分享,这也是她目前学术研究的内容。她会去区县图书馆开讲座,也会去不同学校做分享。而 2017 年,她的长篇小说《细民盛宴》出版,张怡微只在上海做了一场发布会,之后再也没有宣传过。

张怡微的生活安排比较固定,每周一备课,周三休息。大部分休息时间都在看书,周末的时候经常会去剧院看戏,一个月会看十场。

比起三四年前,在这个时代里,作家通过文字变现的渠道增添了许多。但是张怡微有几条标准:不卖影视版权、不做直播、不做 TED、不卖课。

她也曾接到影视改编的邀约,但是对此并不感兴趣。她说自己现在已经过了最缺钱的那个阶段,"我在最苦的时候,最缺钱的时候,我知道每一分钱都不是那么好赚的。所以你反而对这些事情是警惕的,你不想投入,不想被这些事情框住"。

这种选择,一方面是因为她觉得自己没有精力和时间去弄这些事情,另一方面,也是和安全感、控制力有关系。她的语气很淡然:"我不了解的行业,我就不要去做。做了无非就是出名,无非就是多赚一点钱,现在房价上涨之后,多这点钱一点意义都没有。我又不买包,我又不旅行。"

很多人看了她的文字,会以为她的生活理应是云淡风轻、充满小资情调的。但是张怡微一直强调自己是一个没有什么生活的人,平时更不会在咖啡馆里写作。

但是她慢慢发现,"你讲真话,人们反而不相信"。

side
B

三明治　　平时你的写作习惯是怎么样？

张怡微　　1000 字的专栏，我基本上用 20 分钟写完。决定去读博之前，我在《上海壹周》实习，那时候学校里研究生的课程还没完全结束，有一门我想听的课，我就回去听了。在等老师开课前，大概有 20 分钟，我就用那 20 分钟写完了一篇稿子。现在也是这样的习惯。我昨天去看了两场京剧，当中相隔了一个小时的时间，我也写了一篇稿子。

三明治　　你的写作环境是怎么样的？

张怡微　　没有想象中那么文艺和浪漫。之前，有位编辑让我拍一张我写作时的照片，我说我真的没有办法发给你，因为我家里乱到我的书都堆在地上，放不下。我知道那个编辑想要的效果是怎么样的，可是我做不到。我的写作环境还蛮差的，在一个垃圾堆里面写。如果实在看不下去了，我就出差，因为宾馆很整洁。

三明治　　面对这么多约稿，曾经有过写到崩溃的时候吗？

张怡微　　没有写不出这件事，没有"不想做"这个选项。我曾去听了林子祥、许冠杰的演唱会。那个时候要听很多遍《男儿当自强》，因为真的需要鸡血。虽然做不动，但是没有办法。

三明治 作为第一届去台湾读中文博士的大陆生，那时候生活状态是怎么样的？

张怡微 我是第一届中文博士，第二届大陆生，所以其实是没有什么经验的。当时看到消息，就试试看，然后就申请到了。我那个时候算过，学费、机票打到每个月，一个月大概是9000块人民币。这些都是靠我500、800块的稿费挣出来的。2012年至2017年，我写的文章量是很大，但确实也都是写出来的，说出来也没什么不好意思。但是我不能说我很厉害，因为有些东西就还是很烂，但是那时候想不了那么多。当时读博的时期，感觉人一下子醒了。你知道自己差就是差，没有人要听你的苦衷，你发不出论文就是发不出来。那个阶段我能够比较清醒地看待自己。

三明治 去台湾之前，想过退却吗？

张怡微 我当时去台湾的时候，和来接我的一个同济的同学说，我还是回去吧，我不想念了。的确过去读书压力非常大，但是后来想着来都来了。可能现在看来，9000块钱不是很多，但是因为我父母很早就分开了，我是在单亲家庭长大。这件事没有什么不开心的，只不过我们就是三个经济体，妈妈有妈妈的家，爸爸有爸爸的家，然后我是我。所以我知道读博这件事情和随之而来的压力，是自己需要面对的。它不是义务教育，这个事情是有成本的，而且这个成本你要自己消耗。

之前有一个电视台采访我就很搞笑,说"你要养活家里什么的,很辛苦"。我说我没有要养活家里,我只是要养活自己。我养活自己已经很辛苦了。

三明治　当时同期读博的同学会也处在这样的状态吗?

张怡微　读博都是要死要活的,但是有家庭,有经济支持还是不一样。毕竟我还是花了非常多的精力在赚钱。其实讲实话,那时候谁没有给我稿费,我其实都记不太清楚。有一天晚上我心情非常差,我就挨个要了一遍稿费,当天晚上要到了8000多块钱。

三明治　回望过去这么一长段时间里面,你自己觉得最轻松自在的是什么时候?

张怡微　本科的时候。那时就想着毕业能找到工作就好了,一点都没想到其他。25岁之后,没有一天我想要回去的。我不是在撒谎,而是说,那个时候其实我没有时间享受生活。但是别人不知道,而且别人不相信。当时喜欢写作的时候,肯定不知道写作这么辛苦。我现在告诉我的学生们,你想要喝喝咖啡,一个月写一篇稿子,还觉得自己水逆了,是不太可能出头的。我说的出头,也不一定是说要顶天立地。只是没有一个行业是好逸恶劳的人被老天恩赐好运气的。我觉得做学术也是一样的。而且学术比写作更加严酷的一点是,学术不用天赋,你只要能花上一年时间,停下来,去做一件事,你总比没有做这件事情的人要好,总比三心二意做这件事情的人要好,就看你愿不愿意付出这个代价。

写作没有什么了不起的。

三明治 国内的创意写作专业和国外的有什么不同吗?

张怡微 美国的创意写作与国内其实有一个很大的不同是,课程和职业之间通过经纪人制度衔接得比较好。经纪人会挑作者,一旦确定之后,经纪人也会帮你投稿。我们专业招的基本都是考研考上来的学生,他们还是要上一些研究生的基础课,包括古代文学概论。

三明治 就你观察,创意写作专业里学生们各自的抱负是什么?想成为专业作家的人多吗?

张怡微 我觉得每个人都不一样,有的人是想要当作家,有的人不一定要当作家,他可能想要当编剧,还有的同学毕业之后要去写游戏的,或者想去当老师的,什么都有。他们好像没有那种执念说我要成为一个作家。

三明治 之前有人讨论过一个观点,就是"写作到底可不可以教?"你怎么看待?

张怡微 我觉得技法上是可以教的,但是动机是教不了的。有一些强烈的情感,比方说受辱、仇恨,虽然很消极,但是可以持续激励你去做一件事情。你说你有不幸的童年,你有一段受到重大打击的爱情,想要把这些东西写出来,这就是强烈动机。

等你把这个事情消耗完了,之后,你才进入到真正的创造的乐趣。纳博科夫有部小说叫作《玛丽》,他在序言里面写到"众所周知,初次进行创作的人具有把自己的经历写进作品的强烈倾向,他把自己或者一个替代者放进他的第一部小说中,这样做与其说由于现成题材的吸引力,不如说是为了摆脱自我后可以去轻装从事更美好的事情"。

等你写完自己想写东西的时候,你才会开始想,我为什么要吸引读者来看这个东西?这个文本的意义是什么?我为什么要做这件事情?我的小说里面是不是抛出了一个没有用文字具体指出来的问题。

写小说就是要改变这个世界。你改变这个世界的欲望是短篇的欲望,那就是一万字左右,但也有可能你想要改变这个世界的欲望是一部旷世巨作。这个欲望我教不了,如果你真的没有,那就算了。

三明治　你自己是从什么时候开始在写作中找到创造的乐趣的呢?

张怡微　我写《试验》《细民盛宴》的时候比较早,当时我想的就是写一些没有血缘关系的人以家庭的方式生活在一起的故事。《试验》这个集子出得也很任性,因为一般起这种书名,怎么能卖得掉呢?但是当时出版社还挺好的,没有和我说不能这样写。后来写《樱桃青衣》这本书的时候,我个人就比较有意识了,开始享受创造的乐趣。

很多人看了我的小说的时候会问,"你"是不是就是自己写的这个人?我觉得我如果只出了两本书,对方可以这么说。可是我出了快20本书,我哪有这么多"我"?我确实已经把"那一关"过去了。碰到有人反反复复和我确认小说里是不是我自己的故事,我想,你觉得怎样就怎样吧。但是对我个人来说，当然不是这样的。

我没经历过什么事情。我甚至连真正的不幸都没有看到过。在这种情况下，当然是有创造的乐趣在的。这样才是合理的。如果读者硬要觉得这里面写的是我的事，说"不知道我经历了什么"，那我也没办法。我没有那么复杂。

三明治　现在微信时代，作者跟读者的沟通变得"零距离"了，你会在意读者的评论吗？

张怡微　我觉得无所谓，不是因为嘴硬而说无所谓，而是我没有精力。我现在事情太多了，如果每件事情都在意，怎么管得过来？如果我一年就写一样东西，那么我可能会在意。但是我一个月要写十个专栏，然后还要做那么多事情，我怎么可能一件件事情都去在意？所以，不是我有多了不起，就是没精力。

三明治　你印象比较深的童年生活是怎么样的？

张怡微　我不是很怀念童年，不是很想去想。但是我也没有遭受迫害。

三明治　家里人怎么看待你现在的生活状态？

张怡微　单亲家庭也有好的一面，就是我的伦理负担真的比较轻。我父母还是很为我骄傲的，他们不太"管"我，我们之间比较像成年人一样相处。有什么事就直接说一声就可以了，各人都有自己的生活。

三明治　你的创作素材来源于哪些地方？

张怡微　我喜欢听一些奇怪的故事。然后，我喜欢听隔壁桌讲话。《樱桃青衣》里第一个故事《蕉鹿记》就是我听来的。

我有一个朋友，他和我讲完这个故事之后，我再也没见过他。当时他说他自己40多岁，他爸爸六七十岁了。他爸爸要去见他年轻时候爱过的一个人，可是你知道，老年人重逢是很麻烦的。于是他带着他爸爸，对方的女儿带着她妈妈，四个人，一起做了一次环岛旅行。听了这个故事，我就在想，那得有多尴尬？

所以我就花了一点时间去想，怎么样可以让这样四个人心平气和坐在一起。后来我建构了这个故事，来呈现一个没有办法命名的关系。我让这个女儿在结尾的时候说了一句话："如果是继母的话，我还是比较喜欢你妈妈。"

三明治 比起教学工作和写论文，写小说对你而言会是一种放松吗？

张怡微 写小说对我来讲不是消遣。我不是一个特别好的小说家，我知道我的能力局限在哪里，知道我擅长的在哪里。现在无非就是做一个工匠的活，你接了一个活，你知道你能把它打磨成什么样，然后它看起来的确是属于你的东西。我只能说我可以把它做得好一点，但是你说我是一个多了不起的艺术家，我觉得我这辈子可能达不到。

我有我的方法。我的方法可以提供给需要我的方法的人。这些方法不一定是最好的，但是外部的人也是可以用的。有的时候，你在你的故事里面，实在无路可走的时候，是可以用的。

三明治 写作不是件很浪漫的事情。

张怡微　是啊。我和朋友讨论某个艺术家。我问："你觉得他是一个天才吗？"他说："是的。因为他退步很大。努力派的艺术家，不会退步这么快。"

我觉得这个观点有道理。如果你是天才，你不用教，你就会很厉害。但是当你降落的时候，你会落得非常惨。勤奋派不会落得非常惨。他可能不是天才，但是你要他退步退得这么厉害，也不太可能。当你明知道自己不是天才的时候，其实可以选择的路不是很多。

写作，没有想象当中这么浪漫。表面上看，别人觉得你好像很开心，但是我估计他们跟我生活不了三天。我的室友就是这么说的。她说我原来觉得你很开心，但是让我过这种生活，我宁愿去死。写作其实是艰苦的，是不浪漫的。

我问王咸,他最欣赏或羡慕哪一类的人。王咸答,喜欢质朴中又有一些狡黠的人。我好奇地接着问:"那你狡黠吗?"

王咸:选择写小说,因为它能披着虚构的幌子

撰文
赵景宜

side
A

2010年，王咸开始重新写作，那时他已在《收获》杂志当了十多年编辑。他的写作速度不快，平均一年完成一篇。有的一两个礼拜就写好，有的等了大半年后才去写。这些作品放进了他首部小说集《去海拉尔》。出版社告诉要出他书时，王咸心里觉得奇怪，"我又没什么名气，写得又不多"。

我和王咸在巨鹿路675号碰面。这里是上海作家协会，《萌芽》《思南文学选刊》《收获》等刊物的办公地。门口保安告诉我，几乎每天都有人想要进来看，有路过的，更多是拿着稿件要见编辑的，年轻人、退休老人都有。这些人都会被拦在外面，院内的世界是安静的。

王咸是山东人，个子不太高，留着短发，带有稀疏的白发。给人印象很温和，时常对人微笑，他领我进了大门，进楼后要走三层老式旋转楼梯。他所在的办公室不太大，四五张桌子。王咸的案头上堆满了书，和一台黑色台式机。每周一、三、五，王咸来这里办公，和同事聊天、交流最近的工作，更多时间在家里看稿。

在这个堆有一摞摞纸张的房间里，坐着两个来实习的年轻人，他们用着笔记本电脑，显得格外年轻。王咸读研究生时，到《收获》杂志实习，毕业在上海大学教了两年书后，被调入杂志社工作。这期间还在上海大学教过公文写作，这帮助了他解决了户口问题。

我们见面那天，雪还没化，不知道屋子什么朝向，窗和外墙对等分，阳光完全打了进来，像是在温室玻璃房子里。王咸告诉我，原来单位门口有个咖啡厅，朋友来时总会去那谈天。店招上显示，那儿马上要变成"作家书店"。

下午三点，这里的下班时间。王咸通常不在市区停留，直接回到十八公里外的家，挨着苏州河的村子里。《去海拉尔》里的故事很少发生在上海市区，而是在城市最西边，离都市生活很远。但如高耸的"上海中心"大厦一样，这个大城市是书中许多故事遥远却有力的背景。

王咸称和上海的关系很融洽。"先一直在学校里面，大学虽然在城里，但自成一体。又从学校直接进《收获》工作，虽然在市区，但也像是独立的感觉。"

1999年，旧历年年底，偶然的机会我在上海的西郊买了一幢农舍。那个地方叫大桥。大桥不是一座桥，而是一个村子。房子坐落在村子的东头，右边是一个池塘。池塘边长着芦苇。

——《邻居》

王咸住在红卫村，离工作的巨鹿路有十八公里。现在看来这个距离不算太远，但当时上海地铁线只有两条，人出行主要得靠公交。村子在虹桥机场的西北边，闵行区华漕镇，挨着苏州河。现在面临拆迁，原来有近千户的村庄，变得冷清很多，人都搬走了，只剩下包括王咸在内的七八户人家。

这之前，他在大学的职工宿舍住过两年。结婚后，同妻子搬过好几次家，包括长风二村，然后是更靠西的清峪路。他的朋友、书评人项静告诉我,可能王咸有些浪漫,喜欢漂泊,后来是妻子执意买了现在的房子。王咸对我说,2000年之前,很多人都觉得没必要买房子。

1999年,王咸第一次参加放生活动,他们来到红卫村附近的苏州河畔,刚好看到了现在的房子——带院子的农舍,价格不到七万块。王咸称,当时在《收获》的工资比现在还高,在妻子的坚持下,他们买下了这幢房子。

上班算是件麻烦事,王咸需要搭两趟公交,通勤时间要一个半小时。离红卫村距离最近的地铁站有五公里,是刚通车的17号线诸光路站。2004年,王咸买了一台高尔夫小汽车,结束了漫长的公交出行生活。

上班时间外,他大多时间待在家里,杂志编辑总有看不完的稿。项静和王咸妻子关系很好,她听说王咸平日很宅,"他老婆会叫他出门去电影院,但很远。他很宅,很喜欢在家里看电影"。除去偶尔去全国各地开研讨会外,王咸和朋友们最常去的地方就是苏州东山,在太湖边。日本北海道是王咸这几年去过最远的地方,他对旅游不太感兴趣,"也可以去,也没有什么一定要去"。

在《去海拉尔》这本书里,故事的背景也大多发生在村子和镇上。早年红卫村的稻田、小河让王咸觉得和故乡的小镇有些相似。不过,老家的小镇都是白杨树、麦田和玉米地。在山东莘县的一个镇上,山东西北部,地处平原但生活贫瘠。他父亲在工商所上班,妈妈在家干活。

镇上离农田很近,王咸家里也有地要务农,在几岁时就要帮家里做拔草、除虫、收割这样的农活。这段生活现在对他还有影响,在王咸向我回忆当年发现红卫村房子具体在哪月时,他先脱口而出的是,"水稻长得很高的时候,应该是初秋"。

到了高中,王咸在县城读书,周末骑三十里地的自行车回家。那个时候，王咸接触的课外读物有限，除了父亲单位订的报纸《参考消息》，他还记得这份国际新闻摘选类报纸有文艺版。高考完填志愿时，王咸决定要离家远一些，就去了华东师范大学读中文系。他从小喜欢吃稻米，"我听说上海可以顿顿吃米饭"。

大学期间，他开始了个人阅读。学校的图书馆是王咸看书最多的地方，他也常去上海福州路的二手书店，能买到许多便宜的早年出版外国文学书。这也是20世纪八九十年代文学热留下的礼物，当时出版的翻译文学书籍，很多此后都没再版过。

那段时间，王咸读了许多现代派作家，他也开始尝试写短篇小说，模仿过卡夫卡、乔伊斯、格非等人的作品。这些文学创作，为他进入《收获》杂志工作提供了很大帮助。但工作后，他对写作不太着急了，很少再去练笔。在学佛的那几年，彻底中断了小说创作，很少再和文学上的朋友来往。

有一年，单位派王咸外出学习一个月。这让他对现实世界有了更多思考，让他意识到佛学"出世间"的学问在当下有些行不通。慢慢地，他放弃了"宗教信仰"，办公室的同事们都很开心，因为学佛时他对工作很不上心。与此同时，王咸不好意思再去联络过去的"文学朋友"，他感觉到孤独，人到中年也觉得有些与世隔绝。

这个时候，他开始重新尝试写小说。除了同办公室的走走，大多数同事、朋友过了好几年才读到王咸写的东西。"听到好多人在谈王咸的新书《去海拉尔》，我还奇怪谁是王咸呢，搞半天是《收获》的王继军。"在二楼工作的作家吴亮对我说道。

每次云游回来，他都会坐到我们单位楼下的咖啡馆里，等我下来"见个面"。每次他来，我都要先处理一下手头上的事，延迟一会儿再下来。其实，我心里十分期待这个久别或暂别的"见个面"。艾特加入我们以后，李朝再来的时候，总会带一纸袋热乎乎的糖炒栗子。过了一段时间我才知道艾特爱吃。

——《去海拉尔》

王继军并不热衷混什么圈子。2010 年，他给自己取了个叫"王咸"的笔名，给广州的《花城》杂志投稿，信上以新人口吻称对方为老师，表明是通过谁谁谁才得知对方姓名的。不料，信封上显示了单位地址。对方直接来信问道："你是《收获》的那个王继军吗？"

此后，他在《小说界》《江南》《青年文学》《野草》上陆续发表作品。小说写好后，他会用 QQ 发给同办公室的走走看。院子里没人知道王继军写作，直到走走向很多人推荐了他的作品，《回乡记》在朋友间开始传阅。当时在《青年文学》工作的黄德海看了小说后，非常喜欢，过去两人只是点头之交，在 2015 年后他们才算"真正认识了"。

不知道什么缘故，这个"大学时代一天要读三本书"的同事，主动扮演起文学经纪人的角色。黄德海要为王咸小说写评论，找他要来所有小说的电子档，又联系了几家出版社，希望能出版。最终，在中信出版的王苏辛拿这些文稿送审。送审成功后，王咸才知道出书的事情。

听到出书，最开始王咸有些不相信。尘埃落定时，他又担心销量会不好，给编辑添麻烦。在思南做新书分享活动时，比起嘉宾的滔滔不绝，王咸讲起话来吞吞吐吐，他向观众表示，介绍自己的书时会有些不好意思。

现场，走走在谈到王咸时，会自然地说到他本名"王继军"，偶尔改口说王咸。他的朋友们在习惯他的新身份。但项静认为王咸很纯粹："我们单位是文人扎堆的地方,都很想彰显自己,或者给自己造一个人设,思考以什么样的文学形象给大家一个印象。王咸比较内敛,他不参与这部分。"

最开始,走走是王咸的作者,发表了新锐实验性小说《961213与961312》。走走告诉我："他给我的感觉吧,是个慢条斯理、喜欢汪曾祺的人,没想到他看得懂,并且送审,我那时蛮惊讶。"走走在2011年到《收获》编辑部时,他们常为选稿的事情吵得不可开交。

生活中,走走是王咸的好朋友,他们看起来非常不同,走走更加锐利,她会更无顾忌地对他人表达自己的观点,穿着打扮很职业化。王咸则"有所保留",他常会笑呵呵的,外表看起来有一些羞涩,他出门会背着个单肩包,除了戴了副眼镜,外表看不像知识分子或文学编辑,更像是小地方公务员。

他们还有一个共同的诗人朋友。那段时间,王咸不再学佛,也没和过去文学上的朋友恢复来往。这个诗人常来巨鹿路找王咸,他们会去临街的那家咖啡馆聊天,参加的还有走走。走走之前一直不理解这种做朋友的方式,"有什么好成天聊的"。王咸写的同题小说《去海拉尔》,以他们一次咖啡馆长谈为原型,诗人是谈话主角,他是话题的中心,在场的王咸是倾听的人。

我在读这段时,总觉得诗人和王咸本人很像,没有被时代变化过多的裹挟。不过,这个诗人又像是小说家王咸自身所缺少的一部分。小说里这样描述:"他去西藏次数像比我去镇上的公园还多。"

我问王咸,他最欣赏或羡慕哪一类的人。王咸答,喜欢质朴中又有一些狡黠的人。

我好奇地接着问:"那你狡黠吗?"

"我很狡黠的,你没看出来是吧?"电话那一端,他笑了问,想了片刻后说道:"黄德海他们知道,我喜欢讽刺他,他过一会儿才能明白,哈哈。开个玩笑。"

"我说的是生活之中的狡黠。"

"这个也没什么关系。"王咸想了想,回答说。

后来,他开始像小说中人物厄姆·菲谢尔森博士一样熟稔斯宾诺莎的名著《伦理学》。他觉得他从《伦理学》得到的快乐跟斯宾诺莎写作《伦理学》的快乐是一样的,混乱而复杂的世界随着阅读的展开慢慢地清晰起来,世界的结构、人的位置,未来的命运被斯宾诺莎安排得井然有序,就像杜原的农民父亲耕种的自留地一样,平整得像镜子,菜植得横竖都行。

王咸喜欢摄影。在买车前,他就开始用胶片相机拍照,后来买了数码相机,现在会用手机拍照。他偶尔会把照片发在朋友圈上。镜头中,主要以风景、街景为主,出现了人也往往只是作为背景。他称自己也想画画,但习得画画要比摄影按下快门难得多。他曾和走走这样说过:"要像优秀的画家一样,画一个苹果,就好像画出一个世界。"

除了摄影外,王咸喜欢养花。他告诉我,有个朋友送了个月季,自那以后就开始喜欢了,还研究过嫁接之类的技术活。微博上,妻子有时会转发一些花草有关的内容,然后标记王咸。他们有一个很大的院子,里面种了许多瓜果蔬菜。

他的小说和日常生活有关,他会写自己熟悉的东西,故事更多来自他的亲身经历,而非完全的杜撰。王咸坦白说,自己对小说艺术没那么感兴趣,他更希望能用散文写作。他看重"讲真话",写作时会用"修辞立其诚"来告诫自己。

同时,王咸觉得在这个时代,在公开场合去"讲真话"很难。如果用散文写，这个小说家担心触碰到当事人，或产生一些危险，但"小说可以披着虚构的幌子"。在项静看来，王咸像一个没那么激进的知识分子，不过"他可能有一点反抗，但我觉得是局限在自己心里面的反抗"。

也许，王咸的写作表达就在这种矛盾中进行的，他想要有所突破，但也有所顾忌。在很多人看来，王咸是个友善、平和的人，但他的朋友能感受到他锐利和有主见的一面。

有次，王咸受邀参加略萨中文版新书研讨会，讨论目的很显然是宣传书。当场，王咸说道，略萨的小说没有内在性。书评人云也退很不客气地回击，在场所有人的经历加起来都没有略萨的一半多。

走走对我说，这件事让她印象最深。她向王咸说，"那次来了的人书店都给发购物卡"。王咸漠然地想了想，称不记得了。"有吗？"

黄德海印象最深的则是，王咸对一些人发自内心的不屑，"那些对艺术要求不高，整天琢磨人际关系的人"。但少有人会感觉到王咸的不悦，碰到这样的人攀谈，王咸往往会冷淡地应和，"可能在场的人能感觉到"。

这种"自敛的反抗"像是一种困境，王咸向我评论过《去买一瓶消毒液》里那个喜欢斯宾诺莎的同龄人。"他以为自己在慢慢积攒力量，其实在慢慢变老。他以后这个创伤会爆发，但其实在遗忘性愈合。"整本书讲了很多类似的困境：青年时从上海去援疆、退休后试图转回户口的保安，深陷家庭伦理纷争、后突得绝症回家看病的中年邻居，被小镇混混围困的城区年轻夫妻……

在思南分享会上，王咸也谈到了自己的写作风格为什么节制和含蓄："我总觉得自己是很渺小的，在这个世界中的位置也许比自己想象得还要渺小。"

分享会结束后,有六七个人等着王咸,有他的同龄人,也有20多岁的年轻人。王咸收到了一束花,有人来讲祝贺的话,有人和他手机自拍。他们要一道去吃饭。拿着花的王咸落在人群的后面,好像他不是这次聚会的主角,而是突然被邀请来的羞涩朋友。

什么影响我写作

三明治　　你小说的背景基本发生在上海郊区，故事很少是在市区发生的。

王　咸　　我在市区做编辑，做的事情文化性很强，对于小说需要的故事和生活，就弱一些。你肯定会写熟悉的东西，我们说一个人有生活，这是比较具体的事。郊区的生活戏剧性强一点，事件比较多。现在村子里变化很大，它在虹桥开发区，我们那地方要拆迁。我最新写的中篇《恍惚》就写到这件事，结尾写到房子全部写了"拆"字，就是现在的状态。

三明治　　你最开始怎么找到这个房子的？

王　咸　　1999年，我跟朋友去放生，开了一个小面包车，一直开到我住的地方。我们为什么去那儿放生呢，因为有个居士在那儿念佛，在附近有个放生点。他们说村子里有卖房子的，我们也准备买房，房价也快涨起来了。那个时候可能信佛，喜欢清净，环境很好。但主要的原因，还是因为便宜。宅基地有一百多平方米，带院子，几万块钱。

那个地方太好了，离人民广场直线距离是十九公里，但完全是稻田。房子是黑瓦白墙的老式农房，人非常的少，纯粹的乡下。那个时候苏州河没河堤，长满了芦苇。

三明治　以后可能脱离自己的经验来写作吗？

王　咸　我估计不会。想象力也要建立在熟悉的生活上，完全靠想象力是推理性写作，也是一种形式。可能有两种，一种建立在生活经验上，还有一种抽象思考的写作，包括像《1984》就是推理性写作。大部分所谓想象力，也建立在熟悉事物中。莫言想象力很丰富，他也是写农村里的事情，他去写城市的话也表现不出来。

三明治　从没想过自己来构建吗？

王　咸　构建一个东西，我也是有兴趣的。有作家很想去构建一个世界。但我觉得艺术的构建相对于广阔的现实来说还是"小"的。原来对文学看得更高些，但发现文学表达也有它的限度。

三明治　你有过文学野心吗？

王　咸　大学写作时，那时候写得很少，模仿其他作家写作。模仿卡夫卡、格非、乔伊斯，是训练性写作。文学上的野心，肯定有的，一直有的，现在也有。我写出一个很好的作品，很真实的作品，是我最大的野心。原来就是按照一个文学规律，写文学作品。现在是有一个东西要表达。一个人最好不要专业写作，我喜欢那些非专业的，把写作当成很高的修养。专业从事文学创作，反而会丧失一部分"文学性"，也就是反文学的东西。

三明治　做编辑对你写作会有什么影响？

王　咸　做文学编辑对我来说有帮助。但是有些人甚至觉得这是伤害。《收获》对文学的认识比较真实和深入，对待文学非常认真。我们一起讨论稿子对我很有启发，讨论一个作品哪里表现得好，编辑们看重什么，他们讲的时候不像批评家一样地高屋建瓴，对文学的看法讲得非常具体。对写作来讲，我们的看法是直接和作家交流，放开的话，是对写作有好处的。阅读上，工作要看稿，另外的阅读是个人的阅读。我写作也不用读更多中国当代作品。工作时已经读了很多。

三明治　比如卡夫卡，他一直都是个小职员，很多作家成名前做的事情和文学没关系。有人觉得，这种方式会更好。

王　咸　每个人的写作追求不一样。我不一定要去做著名作家，写出大量好作品。写作，即是我的追求，但是到后来写作不是要成为什么，只是表达对现实的看法。我的看法也不是很多，可写东西没那么多，我不需要那么多时间。很多人立志做个大作家，当编辑阅读稿子，不好的稿子可能会让他产生厌倦心理。

三明治　不过，你进入《收获》后写作中断了差不多十年。

王　咸　进入《收获》后，写作上就放松了，反而不着急。在去学佛那段时间，就基本放弃了。

三明治　这有很大关系吗?

王　咸　它跟文学有冲突，佛教是一个出世间的学问，文学是个世间的学问。宗教比文学关心的东西要大，真正地给你一个世界感，文学对人类、世界的关心经常停留在想法上。那个时候，我跟另一些朋友相处，跟文学朋友往来比较少。

三明治　后来你重新写作，也和学佛有关吧。

王　咸　发生了一些事，精神有些变化，学佛比较淡了。同事们知道我不学佛后，都很高兴，在我和佛学疏远后，工作兴致就高起来了。在2010年时，又想写点东西。我年纪大了后，就觉得很多事情做不成就是做不成。但相对来讲，写作是可以做成的事情。

皇帝新衣里面，最有价值的是孩子说的话

三明治　你有什么样的写作习惯?

王　咸　一年估计写一两篇。有的可能一个星期写好。《回乡记》《拍卖会》花了一个月。基本都是晚上写，有时间就会写。开始写的时候，就花两个小时左右。有时可能坐着没写出来。有时慢慢写，主要可能是不着急。有时候觉得前面没写好，然后又想到新的东西可写。我用台式电脑写，写的时候还是很认真的。总要一点点写下去，不是呼呼地往下写。从表达意思到用词用句比较完美时写下去，但回头还是要删掉一些。我现在觉得一口气写下去，回头再改可能更好一点。

三明治　台湾作家王文兴也写得很慢，后来到了一天只写三十五个字。他说写作就是失败，落笔那一刻就失败了，只能去减少失败。你有没这种感觉？

王　咸　他那个状态，有非常完美的幻想，认为自己可以写出更好的作品。但本身写下来后，又会有局限性，有这个想法很正常。我的写作就是尽量写得小一点。对自己要求写得小一点，有意思一点，我的小说还算比较好读。通俗易懂的。这样想就没有很失败的感觉。他对写作有个完美的想象，一旦写下来就有失败的感觉。我相反，要把具体写的东西，写得小小的。

三明治　作为读者，比起第一人称，我觉得后面的两篇第三人称更好看些。因为文中的"我"太温和了。

王　咸　不温和。比如《回乡记》，当时黄德海老师讲，我写得很温和。这里面有愤怒，要慢慢看，才能感受出来温和里面不温和的东西。我背后有个东西，我争取写的东西很有意思，这些意思后面还有些意思。比如像《盲道》里的小安，主题很直路。小安对文学有点走火入魔。里面那个"我"，其实跟小安没什么差别。一个层面上，我们生活都像影子。他为什么要温和，不仅是同情他。换一个角度，命运是不一样的。那就说，如果这样理解的话，他对小安温和，不仅仅是他的心好，他也觉得自己并不比小安更高明，他们是差不多的人。

三明治　你的朋友项静觉得你的小说有散文化倾向，一些媒体和你访谈也会提到这个问题。外界认为你的小说是故事性不强那种，你怎么看？

王　咸　我们现在没有那么魔幻，看上去很魔幻，好像现实很复杂，微博上有各种奇妙、奇葩的事情在发生。但从人类大一点角度来说，其实这些事情很简单。这些像一个泡沫，并没有真正地让人变化。经常有人说，文学赶不上变化，但这种变化像泡沫。一个有价值的时代，它对语言会产生影响，会对文学产生有价值影响，但泡沫不会。散文相对比较"平庸"，我觉得时代需要朴实的东西表达。反过来像皇帝的新衣一样，他不需要变化各种方式来戳破谎言，它只需要一个真实的话。现在就是有好多泡沫一样，皇帝新衣里面，最有价值的是孩子说的话。这个时代，朴实的话是最有价值的。从这里开始才能谈得上深邃的思想，不从这里开始，深邃的思想也可能是泡沫。

三明治　那你为什么不直接写散文？

王　咸　小说还是有一点点虚构上的方便。散文就是如果写真实的东西的话，相对来说也可以。但是，散文有局限性，它的真实性会涉及具体的人和事，小说可以披着虚构的幌子。

三明治　写作能为讲真话带来什么可能性？

王　咸　每个人变得越来越孤立，通信方式很多样化，也属于通信方面发达。人在社会中要有联系的感觉，需要要有公共平台，缺乏的话每个人会觉得很孤独。包括我们同事，哪怕在外面开会，也感觉与世隔绝，哪怕我们有微信。文学还是公共流通的，人也算进入了社会里面。写作，可以提供文学作品，也能够用隐晦方法表达对社会的看法。做其他有意思的事，更不可能。比如你做编辑编稿子，发表一个真实性作品很难，它要符合标准。生活中，你发表自己看法，可能性很小。

三明治　小说在保护你。

王　咸　差不多是这个意思。但我的作品还是有一些小说性，可能是自己功力不够才需要小说性。废名就说不写小说了，以后写散文。这是年龄上的变化，也是思想上的变化。他前面学文学，后来关心哲学，包括儒家和佛教，他领悟的时候觉得很丰富，认为自己不太喜欢小说。我现在能理解一点他的这种"不喜欢"。很多东西散文就可以表现了，用小说是有一点被迫性的选择，虚构还有点自由度。像黄永玉，他真实的经历很有价值。不过，他用小说的形式写了《无愁河的浪荡汉子》，他可能觉得有些东西用散文说不方便。我们看到一些故事会特意申明纯属虚构，其实很多都是真实的。

三明治　你有没理想读者？

王　咸　可能没有。我的小说其实通俗易懂，所有人读时都能笑一笑。但会有文本参照者，哪种好我就希望能达到这种程度。我很喜欢夏目漱石的小说。

三明治　为什么现在喜欢他？

王　咸　他在表述他们当时那些人的生活时，能够表现出很自然、很真实的生活。那时的日本人怎么生活，在这种生活中怎么形成自我，人生有什么可能性，能达到什么程度。夏目漱石的文学对我们更有益处。

严肃文学很难通过互联网成功

三明治　现在的《收获》和以前很不同，路内在三明治访谈时开玩笑说，2006年在上面发长篇也做不了科长。同过去相比，好像文学没那么精英和掌握话语权了。

王　咸　那个时候是文学很狂热的时代，当时最时尚的东西，像现在的计算机、网络。一个人在《收获》发表作品，尤其是对在边远地区生活的人来说影响非常大。现在话语权下降非常厉害。那时整个时代思潮是这样，文学现在相对来说到了正常的状态。

三明治　那现在的作者有哪些新变化？

王　咸　原来总是突然出来一个作家，他们各自受的教育、修养都不同。现在的写作，专业化比以前要强。很多人可以通过学习写出很多文学作品。模仿是必需的，但最后要形成自己的风格。你说70后、80后在语言上没有自由感，是因为整个生活没有自由感，没有与众不同的生活方式，写作也是我们感受生活的一种方式。没有新奇的东西，这和我们现在生存状态有关系。

三明治　现在有了互联网，微博、微信社交很活跃，每个人都能自己发表作品，这是一个机会吗？

王　咸　对于类型文学有优势。严肃文学没有，它还是需要鉴赏力。

做编辑,如果你有鉴赏力就一定很快判断出好的作品。不是说看不起大众,而是大多数人缺乏鉴赏力。网络上只有那些喜闻乐见的作品,大家容易接受。严肃的作品很难口耳相传,它需要有人判断,有人跟随。凡是严肃作品,都是带着学习态度看,随便给一个严肃作品很多人看不下去,但你觉得它有价值你就会看。网络发表很自由,没人说好,也没人看。想成为严肃文学创作,还是要走期刊发表途径,世界都是这样。原来在小论坛,大家相互鼓励下,氛围还可以。纯文学作品,在大的文学论坛最不受欢迎。

三明治 你对那些来自民间的文学爱好者怎么看?

王 咸 文学和喝茶一样,有的人喝好茶,有的人喝普通茶。不是说喝不到好茶,就不喝茶了。我们每天接到的稿子来自各个地方,有些是有钱人退休了写作的,有些像是穷人改变命运的努力。每个人在不同层次表达自己,和人交流。有的写得好,进入公共平台,写得不好也有私人文学交流,都是有意义的。

三明治 你对非虚构写作有什么看法?

王 咸 我关注得比较少。卡波特写的《冷血》,我当虚构文学在看。这本书传到我们这里,现场感、现实感没了,看起来就像虚构故事。我觉得非虚构很好,但更难,很难写,更直接,想要触及东西更麻烦。相对来讲,做一下非虚构蛮好的。自由的时代,自由的想象时代,需要虚构给生活带来更丰富的意蕴。现在,虚构有点无力量。非虚构是现实摆在你面前的东西。对生活会更冲击,传达具体的人、具体的事、具体的结果，大家会更关注这个东西。

三明治　按照你以往的写作速度，等你下一本书，需要很漫长的时间吧？

王　咸　目前没写东西了。有可能下一本书，要等很久，也有可能突然间多写几个，挣稿费嘛。这也蛮重要的，现在收入没原来高。写作也是一个谋生的手段。有时候生活压力有一点，可能会强迫自己写，至少有个外因了。

画画不光是对色彩或线条的把握,还是勇气和信心。有的人能很果断地把线条确定,这不是审美和技法的问题,是性格问题。

顾湘:我并不是真的顺利,而是总能找到逃跑的办法

撰文
曹雨琦

side
A

"我已经在这里住烦啦！"顾湘见到我时第一句话，声线像8岁或是13岁，很轻巧。刚洗完的头发披挂着，把背部打湿了一点。

这儿靠近长江出海口，对面就是崇明岛，村委会的绿色垃圾桶被红漆刷出三个笨拙字体"赵桥村"来宣告主权，目之所及没有超过四层的楼房。

市区不让行驶的大货车在这里轰鸣不断，没有商店，外卖只有两家店可以送，离最近的地铁站仅仅的士起步价的距离，但居民习惯把去市区说成"去上海"。

她领我在这个"住烦了的"村子里转了转，目光左右逡巡，很快，她发现了墙角几株芝麻，指给我看。被遗弃的一口破鱼缸里装满了蓝色玻璃珠子似的小球，她也多看了几眼。

"哎呀咪咪你醒啦！"顾湘热烈而自然地和一只黄色虎斑流浪猫说话，猫抻了个懒腰以示回应。

我捕捉到轻巧的原因，她的语气词总是又轻又急又亮，又总以"哎呀"作为一句话的开头："哎呀你坐呀""哎呀好烦的""哎呀我就不高兴弄"，显得真诚、活泼、清亮。

于是我想起她的一条微博，有人说："人啊，能保持少年心气真的很难。"她愤而转发："我就能！"

2014年6月，顾湘辞去工作，独自住进了位于赵桥村的祖屋，从此成为一个"住在村里的小说家"。

顾湘曾被出版商介绍为"被郭敬明铭记多年的传奇作家"，郭敬明推崇她写的《西天》："很多人都告诉我，去看《悟空传》，看《沙僧日记》，于是我就笑了，我想给他们看《西天》。"

书中的金句——"那些我们以为永远不会忘记的事情，就在我们念念不忘的过程里，被我们忘记了"，被郭引用在自己的《左手倒影，右手年华》中，很多人误以为出自郭之手，其实来自《西天》。

但是顾湘的声名，不需要傍身"郭敬明"三字。她在写字这条路上出道极早，早先是《中外少年》的明星作者，19岁出版个人长篇小说《西天》，后来是《萌芽》主力军，真要论资排辈，张悦然等都是后生。

她现在写得少了，距上一部小说《为不高兴的欢乐》的出版已过去十年，间或有些随笔，主要靠画画谋生。村里人叫她"美美的孙女""画画的"。

顾湘带着两只猫在这里住了四年，一幢三层楼的小楼，1990年建好后一直未有人居住。村里人说房里阴气森森"有动静"，她不在乎。

平时顾湘只在三楼活动，初搬进来时捯饬了一下，花了四万简单装修，但房子荒废太久，水管已经破损，线路老化总是短路断电，索性剪断了空置楼层的电路，也安装了通向三楼的新水管，这下一楼二楼无水无电，天黑后只能摸黑上楼。

由于没有窗帘而窗户太多（三楼这间东面的屋子三面采光，六扇窗），早上顾湘睡不了懒觉，被阳光还有猫闹醒，不上班就不需要对时间有很强的概念，她不急着起床，躺着看一会儿书，逗猫玩。

白天"干活"——日光下光线好，通常是画画，她自称："主业是为别人画画，副业是自己画画、写写字、玩。"晚上看书，打游戏，逗猫玩。每天一定刷淘宝。

她在淘宝上买很多东西，总是村里快递最多的人。我看到她腿上有卡通纹身贴，我问是谁送给她玩的，她说："淘宝买的呀，很便宜的，二十块有一百来个。"

阳台与房间的接驳处简单摆了一口小锅和一个烧水壶。但不常用，夏天她不乐意做饭，大多数时候骑着电动车去最近的全家便利店买便当。

不久前猫突然病了，顾湘发愿只要能让猫好起来，甘心茹素。是不是神灵发力不知道，总之猫第二天便好了，她只得老实吃素，坚持了几个月，又放弃了。不是对肉欲壑难填，而是吃素太麻烦。

顾湘很烦白天吃饭这件事，因为画得投入，不喜欢被打断，无奈会饿。所以她通常在上午九点来钟吃顿饱的，画到饿为止，一天只需要头尾吃两顿，她觉得省却不少麻烦。

她的画架摆得离床不远，她喜欢这样，"躺在床上时能打量当天或前一天画的画，画画时能看见床上猫的睡态"。

顾湘评价目前自己的生活状态："就好像我找了个院子，我不太勤地修剪植物，它长了一些野草，我不会往里扔垃圾，暂时维持着它长满野草也还好看的样子。"

是的，她现实中的院子就是这样，广玉兰的落叶落了一地，不常扫，野草有，野猫也有，不至于颓败荒芜，还是生机勃勃的。

顾湘13岁发表第一篇作品，稿费60元整，这个数字在1993年很可观，所以记得清楚。然而写的什么内容她却忘了，还好有读者替她记着——写自己和朋友放学不回家，在外面四处溜达的故事。

"溜达"是顾湘常有的状态,她的早年经历像是漂泊的吉卜赛人:过境湖南时,母亲产下她,故名"湘"。幼时曾居住北京、上海、南宁和广州,考入上海戏剧学院,之后在俄罗斯留学"晃荡"三年,又在北京"瞎混"一年,晃荡和瞎混都是她自己概括的。

顾湘喜欢自然科学,性格如此,步步靠近精确的过程令她着迷。高考填报志愿,她曾认真考虑过青岛的中国海洋大学。即使在上海戏剧学院读书时,她也仔细想过考生物史的研究生。当然这想法很快又被放下了,同她过去将来的很多决定一样。

报考上戏的戏剧影视文学,只是出于它简单。写作只需要纸笔就好了,而画画至少还需要一张能摊得开纸的桌子,况且当时顾湘自己钱不多,不够买耗材,又不愿意向家里多作要求。

再后来,去俄罗斯留学的决定也下得随意。"因为手里正好有读预科的钱,在俄罗斯旅行住酒店可能几周就花掉了,当学生住宿舍,买折扣票,可以玩一年。"顾湘说,最坏打算是打着读预科的旗号去玩一年,升学折戟回国便是。没想到后来考上了硕士,也就继续念了。

年轻时总在经济上困窘,甚至需要去当铺,但是日子过得恣意,并不觉得不妥,直到遇到驯服她的那只猫。

开始有小猫时,我还过着自由散漫的生活……所有存款就是口袋里那点。它从八楼摔下去那天,我向人借钱带它看医生。

到了天冷时我忽然感到伤心,因为很穷……我觉得有些时候,比如小猫重伤时,我不该那么穷。

——《好小猫》

甜蜜的羁绊，拴住了她。"在小猫那里发生的时间，比我的要快。"每念及此，顾湘分外不舍。比起外出，宁愿在家里与小猫搞七捻三①。

每隔一阵子，我都会想起从前走过的山路，晴好秋天，山林明黄；居庸关绿；深邃巨湖畔的蓝山被云截断；花蜂跃跃，泉雀啁啾，山阴道上行，如在镜中游。小猫走过来，把手放在我手上，把头也放在我手上，闭上眼睛睡觉，我就不舍得动了。又想：旅行不过使人徒增幻觉……

——《好小猫》

顾湘被确诊为肺癌，可能是赵桥村附近工厂太多空气不好的缘故。彼时顾湘最挂念的还是她的猫："担心我的猫没人管，而且我的猫很娇气，即使有人照顾，我也担心它不会好好吃饭。"

猫是顾湘的缪斯，她称"小猫就是真善美"。作为写作者的顾湘逐渐淡出大众视野，但是作为画家的顾湘还在低调地活跃着，2015年合作的画廊替她在上海莫干山路办了画展《我爱小猫小猫爱我》，这是她早年的博客名。顾湘几乎没有对此进行任何吆喝，她觉得怪不好意思的。有人喜欢她的画，想要直接买走，她不好意思开口说价钱，认为定价也很为难。所以她常常搞不清楚自己画画到底入不敷出还是略有盈余。

举重若轻，游戏人间，顾湘仿佛永远是自在和轻巧的，如猫凫水。

现在不至于像年轻时那么困窘，也不像年轻时那样能对困窘那么坦然，但是"只要能生活下去，不至于潦倒到无以为继，宁可过

---

① 吴方言，指瞎胡闹。

略显拮据的日子也不想去为了钱而工作，失去自由和可任意支配的时间"。

"你们都在工作，而我整天想着玩，真不好意思啊！"她调侃。

同为80后作家的好友许佳形容顾湘"说个不恰当的比喻，她是写作者中的王菲"，老天赏饭吃。

13岁开始发表文字和画作，少年成名，19岁出版首部长篇小说，被誉为"天才作家"。一路看似顺风顺水。

顾湘说："我的顺利不是因为真的顺利，而是我总能找到逃跑的方法。"

少年时狂读武侠，欣赏古龙笔下的江湖，不太待见金庸笔下拉帮结派的风气。"他们都是有办公室有单位的，杨过竟然还要抗敌？令狐冲爱一个女人竟然还要想她是不是反派？"

她最喜欢《欢乐英雄》里那群人，潦倒时聚在屋檐下数冰棱。她说古龙对她影响挺大，那种浪荡的落拓的无所谓的状态，至少无限滋长了她对自由散漫的向往。

辞去在北京高校的教职，回到上海，在《外滩画报》工作七年，当时也有画画，挣的外快不够生活，加上报社里这份"正轨上的"薪水恰好够。"原来，人只要进入被管束的状态，就能得到一笔钱。"这是当时她对工作的理解。"每周把一叠广告伪装成报纸，令人生厌。"

工作中偶有令人愉悦的部分，比如报道一个展览，因为她自己爱逛博物馆爱看展。领导要求每周有一篇，一座城市的优质展览毕竟有限，不久就写尽了。

顾湘向领导摊牌说没什么可写的了，领导说一定有的，你再找找看。她干脆杜撰了一个展览，写："朱寿的个展即使在豆瓣同城里也无迹可寻,经人介绍,我才获知有这个展览,办在巨鹿路上一民宅里。"

不存在的艺术家朱寿,用的是明朝一任荒诞皇帝的名字,顾湘煞有介事编了几个作品,分别讽刺自己不喜欢的艾未未、张洹和顾鸣亮。这篇报道在网上至今仍查得到。

"发表后事情败露了吗?"我追问。顾湘说:"没有啊,没人发现,我主动和领导说的。民宅是我一个朋友的住址,如果有人看了报道追过去看,我就办嘛。"

众所周知,顾湘是资深游戏迷,她用得最久的网名"恐怖爱丽丝"出自游戏。同龄人还在看游戏杂志时,她已经开始向游戏杂志投稿,她轻松斩获的世界纪录能保持很久。但她唯独不爱打棋牌类游戏。"因为我对赢也没什么执念,出牌就会懒得想,很随便。""我没有什么执念。"这句话顾湘反复说了几遍。

玩双节棍、看视频自学蝴蝶刀,近期打算学架子鼓和矿物鉴定,还有标本制作。家里被一窝马蜂"打劫",她立刻下单一本养蜂指南想要做养蜂人。像猫扑蝶般一个猛子一个猛子扎进另一重新鲜中去。

顾湘说:"比如有些画法画得顺手就不想再用,我更想尝试没干过的事,更喜欢追逐难的事物,容易的事情没意思,但事情如果太难我就想……逃跑。"

"什么程度算难?""和别人发生摩擦了,就不想勉强了。"

她随即补充:"我觉得这样也不好,我跟这世界发生的摩擦太少了,没有迎着困难去克服过什么,也没有坚持过什么。很多人生情节是在不能逃脱中完成的。所以我的体验都不深刻,我没有处在一个困境中。开心也是蛮开心的,但我会想……我是不是要多增加一点那种坚韧不拔的品质。"

她本有演绎"坚韧不拔"的机会,比如被确诊患肺癌的时候。

顾湘用一贯清亮的语气描述这件事情。"哟,我还得了个癌呢。"事情始末是,她因流感症状去做检查,结果检查出肺部异样,诊断是癌,于是趁早做手术切除了。

"怎么看待这件事呢?""偶然撞上的好事,像是买彩票一样。"还是轻巧地逃掉了。

三明治　　你最喜欢猫吗？

顾　湘　　我不止喜欢猫，我也喜欢大象，可是我总不能在家养大象吧，也不会有大象跑到我家来，但是会有野猫跑来家里玩。除了蟑螂，其他动物都喜欢，包括那些虫啊，我也喜欢。老鼠我也不怕，我觉得它比蟑螂好沟通一点。蟑螂是一种不明白我意图、我也不明白它意图的动物。老鼠见了我至少会跑，蟑螂只会慌乱地乱飞。

三明治　　为什么选择去俄罗斯留学？

顾　湘　　因为喜欢一片苍茫的感觉，欧洲很多国家太过精美了，而俄罗斯还保持了粗粝和原始的部分，我喜欢这点。

三明治　　写作和画画给你的成就感有什么不一样？

顾　湘　　画画更轻松，因为我在这个领域探索还很少，像住到新地方，还没逛够，可以四处闲逛。写作是我能够控制的事情，而我对控制的要求又很高。画画因为我还不够了解材料而产生一些奇妙的色彩变化，我会允许这样的意外发生。而写作我希望每个字都在我想要的位置上。写作目前没有什么特别想写的，但画画还有很多想画的。

三明治 写作有使你觉得困难，受磨砺的时候吗？

顾　湘 有的吧。有时候一句话写来写去，觉得不舒服就会卡在那里，速度变得很慢。但语言上的困难倒还好，我目前的苦恼是没有特别打动我的故事或主题。我看现在一些作者的作品，写得不怎么样，创作冲动还很大，我又羡慕又恨：你写得这么烂怎么还这么爱写啊！

三明治 那题材上的困扰，等好故事出现还是去寻找故事呢？

顾　湘 我看现在很多人的创作好像什么话都值得写似的，我觉得一般的话就微信里和朋友圈吐槽吐槽就得了，不值得煞有介事地写出来。这些我随便写写也是有的，但我也不想写。情感经历我只写过一个俄罗斯人，我写出来是因为不用担心他看得懂，中国人我不太好意思把和他的事写成一段故事。一方面不想袒露自己，另一方面未经对方允许，我就觉得不应该擅自把这个故事拿来用。但是我可以写不喜欢的人，因为不怕他们生气。家庭也是这样，应该很好落笔，但我觉得我写下来对我爸有些不公。所以损失了两块本应很好写的题材。

三明治 画画时，一般怎么去布置画面？

顾　湘 我觉得画画不光是对色彩或线条的把握，还有勇气和信心。有的人能很果断地把线条确定，这不是审美和技法的问题，是性格问题。就像有的人能不假思索狂写一个星期。我有个问题是，非常不确定这种一次性完成的事情。一条线若是不满意我会一直改，在外人看来改完和最初也没什么区别，但在改的过程中，我会觉得这样是对的了，这样是精确的了。这种性格我觉得挺麻烦的，它让我很纠结。

三明治　有时你在社交媒体上流露出厌世情绪，但感觉你是很有活力的人。

顾　湘　对的，我精力很旺盛，我对"有劲"的要求很高。可能我说"不想活"时可能只是一时的情绪，也称不上低落，一个有劲慢慢趋向平静的自然状态，但我希望永远好玩，时刻都有劲，一直有新鲜感。一旦没那么有劲我就觉得不满足，就显得有些低落。

三明治　患癌这件事对你有什么影响吗？

顾　湘　其实……也没什么影响。就是更懒了，更贪玩了。没确诊时，担心万一我有事家里猫没人管，有点后悔想买的东西没有买，确诊后医生说不严重，那切掉便好了。

三明治　你会反感别人把你住在赵桥村的行为赋予意义吗？比如比作中国的 E.B. 怀特什么的。

顾　湘　不讨厌。E.B. 怀特也没有摆出隐居的姿态，他是入世的，梭罗对"远离城市"这方面要求更高一些。很多人问我是不是很喜欢田园生活，不是的，自给自足很苦的，而且这里环境没什么好的，也算不上田园。

三明治 如果可以完全自由选择的话，你会选择什么职业？

顾　湘 大航海时代那种写生植物的工作我很愿意干。又可以航海冒险，很新奇，又可以如实描绘一个新东西。我觉得我的性格比较适合当科学家，我对精确的、真实的东西更有兴趣，我当时填报大学时还认真考虑了要不要报中国海洋大学，后来学了编剧，也还考虑过考生物史的研究生来念，但我是个没什么执念的人，没什么非干成不可的事，所以也并不是个非实现不可的理想。

三明治 还有什么被抛弃的愿望吗？

顾　湘 我小时候想过要嫁宇航员，因为宇航员聪明，做的事很有趣，还不用天天和我在一起。我觉得蛮好的。

三明治 你满意这样轻松的状态吗？

顾　湘 如果人一直很轻松，就会变得很轻巧，人有时需要一点笨拙的，状态太轻飘飘了，重量感就会比较少。

三明治 那如果降临一场挫折，你会愿意吗？

顾　湘 不要吧。称得上挫折的都太痛苦了。其实我没有什么是觉得必须做到的，求而不得才会痛苦嘛，但是假如并不想要，就无所谓。欲望不高，也没野心，轻松自在，就挺满意。

观察是时代课题

我自己倒也并不着急。就像打猎一样,开那一枪是很快的,重要的是等待的过程。

刘子超:中国人如何观察世界,是这个时代最重要的题材

撰文
李依蔓

2011年初,南方报业《南方人物周刊》旗下的人文旅行杂志《ACROSS穿越》创刊,当时在《南方人物周刊》做记者的刘子超和几位同事一起前往印度。他的任务是为新杂志的创刊号写一篇封面故事。

那时大家还对创办新杂志抱有极大的乐观情绪。相比起单纯的人文类杂志,旅行杂志因为题材的天然优势,在吸引广告或赞助方面应当不成问题。于是四五个记者被派到印度,公费旅行四十天。这样奢侈地扶持文字内容生产,在如今是完全不能想象的。

抵达南亚后,每个记者都有各自计划的路线,刘子超的目标是"佛陀之路"。从佛诞生地尼泊尔出发,经陆路进入印度,一路探访佛教记载中佛陀释迦牟尼慈悲度众的圣地,比如蓝毗尼园、菩提伽耶、鹿野苑、舍卫城、曲女城、王舍城、拘尸那罗、灵鹫山。佛教是大部分中国人对天竺的第一印象。

但行程刚开始十天左右,刘子超就在尼泊尔遭遇了一次交通意外。

一段喜马拉雅山地中不太平整的柏油路,一侧是山体,另一侧是地势下陷长满草树的沟谷。第一次骑摩托车的刘子超在行驶四五十公里之后有些疲累,一个拐弯没注意,连人带车侧翻摔在马路上,人因为惯性飞滑出去。他清晰听见自己的头盔在路面上一面撞得咣咣咣一面刺溜的声音，裤子磨破了，脚踝血肉模糊，疼得根本爬不起来。路过的当地人发现刘子超，扶他到路边坐下，还跳下马路另一侧的斜坡采了些药草，嚼出汁来给他紧急敷上。但因为还要把摩托车带回城里，刘子超拒绝了当地人让他坐大巴离开的提议，继续待在路边休息。

再次停下的是一辆小汽车。三个年轻人从车上下来，看刘子超的状况不太好，便提出把他捎回城里，他们其中一人会骑着摩托车跟在后面。通过路上闲聊，刘子超得知这三个年轻人在尼泊尔开了一家私人戒毒所，主要业务是把当地的吸毒青年"绑"到山里，再向他们的家人索要戒毒治疗费，一种在灰色地带游走的"绑票"。而刘子超坐的车，就是他们平时用来"绑"人的车。为表感谢，刘子超按国内标准大致估算了费用，付给他们相当于人民币五百元的路费，抵得上他们"合法绑架"业务月收入的一半。

回到镇上后，那几个尼泊尔"绑匪"送刘子超去诊所处理伤口，又帮他修好了摩托车，还给车行。刘子超甚至还跟着他们去镇上一户人家，看他们如何告知穿着传统纱丽的母亲："你儿子吸毒，现在在我们手上。"

这是九年前刘子超印度旅行的奇幻开场，开启了他第一次真正意义上以写作为目的旅行。

四十天的行程结束之后，刘子超回到北京，用一个月的时间写完《ACROSS穿越》的创刊号封面故事《车轮上的国度：穿越印度的火车之旅》。这篇文章后来被收录在刘子超2019年出版的第二本作品集《沿着季风的方向：从印度到东南亚的旅程》中，同样作为开篇。

文章的末尾，刘子超写到一位印度教徒对他说："生命是一场幻觉。"这句话让他觉得可以停止对外来或往事的忧虑，因为"聚会是为了告别，到达是为了启程"。

到达是为了启程,也是作为一名旅行作家在路上的意义。

1

在成为旅行作家之前,刘子超有好几年的时间感到非常迷茫,不知道自己可以写什么。

2007年北大中文系毕业后,从小在北京生活的刘子超来到广州,加入《南都周刊》。南方报业是那几年对媒体有向往的学文年轻人的首要求职目标,如果他们不去国外读东亚研究的话。入职之后新人们立刻跟着编辑们开选题会,有编辑和刘子超说,要不你去旁边工地和工人一起住,看看有什么可写的。

南方报业位于广州大道中289号,目前已是非常繁华的地界,隔着江,对面就是小蛮腰广州塔,但十几年前还是工地和城中村。刘子超去工地门口转了一圈,觉得可能挖不出什么东西,还是要自己找选题。他看到一条深圳城中村拆迁过最牛钉子户获赔一千七百万元的新闻,决定去采访试试。

背后的故事让刘子超也感到意外。

新闻里的"最牛钉子户"叫蔡珠祥,家里一直拮据困难,1972年妻子怀第二个孩子时,蔡珠祥偷渡到香港打工赚钱,几年后又偷渡去了南美,和家人彻底失联,在当地结婚生子。1988年,蔡珠祥听华侨说深圳已成为经济特区且发展不错,于是辗转回国,没想到妻子仍未改嫁。回国后的十几年里蔡珠祥和家人拆屋改建，把房间出租给不断涌入的外来打工者，每个月坐收租金。再后来就是遇到深圳老围片区的拆迁安置，变成千万富翁。

改革开放、城市改建、拆迁，中国近数十年的时代变迁浓缩在一个小人物的传奇人生上。

这个故事刘子超采访了一星期，很快写了出来，七千字。编辑没怎么修改，他当月就拿到了报社里的好稿奖。接下来的三篇稿子，刘子超又都拿了好稿奖。一切过于顺遂，刘子超反而觉得好像突然失去了方向。尽管大学期间刘子超很明确自己毕业后要去当记者，他印象中海明威似乎说过，你想当作家的话，有几年记者经验是非常好的。

高中时，刘子超考入北师大二附中文科实验班，班里的文学氛围浓厚，他开始大量阅读国外现代作家的作品，托马斯·沃尔夫、雷蒙德·卡佛、海明威、卡夫卡。同学们也会写小说，彼此交流，他们还自费在出版社出了一本收录每个人作品的作品集，取名《离海不远》。高二那年，刘子超参加了第四届新概念作文大赛，以一篇借鉴詹姆斯·乔伊斯《一个青年艺术家的画像》题目灵感的作品入围决赛，获得第二名，同班还有两位同学和他一起入围。那一年获得一等奖的有郭敬明、郝景芳。

新概念获奖后，刘子超接到一些约稿和作品收入合集出版的邀请，比如书商攒的《第四届新概念获奖者作文新选》，有一次甚至拿了九百元稿费，在当时算是一笔巨款。他用来买书和打口碟，攒了不少古典音乐的碟片。

大学考入北大中文系，似乎是一个文学青年的理想归宿。但刘子超有点后悔自己选了这个专业，因为中文系不教写小说，而是把文学作为分析研究的对象。他宁愿学一门语言，比如俄语、阿拉伯语，对如今的写作会更有益处。于是大学四年刘子超混迹于文学社团，在BBS上发自己的作品，写小说，写诗。当年的社团成员有几位如今仍从事文学工作，茅盾文学奖评委、作家、小说译者。

写小说、写诗，不是毕业后可以选择的工作。如果想要继续写作，非虚构特稿顺理成章是最适合的领域了。但为什么才写了几个月就失去方向了？刘子超也感到很困惑。

在《南都周刊》工作一年后，刘子超又转到同为南方报业旗下的《南方人物周刊》，开始写人物特稿，两年后申请调回北京。他的困惑依然没有得到解决。"还是在想，自己的作品在哪儿？特别是采访完作家或者导演以后，这个问题就会冒出来。"

思来想去，答案始终是一样的：不知道该写什么，有什么是真正值得表达的。于是，刘子超只好迷茫地在业余时间翻译美国作家约翰·厄普代克的小说，发在豆瓣上。

2

2011年年中，刘子超完成《ACROSS穿越》创刊号印度的封面故事的两个月后，跳槽到了《GQ》，想着自己的职业困惑也许换个地方会得到解决，来不及让旅行写作的兴趣进一步发酵。

一年之后刘子超辞职，申请到中德媒体使者项目，在德国待了三个月。在欧洲的那个夏天，刘子超去往德国、奥地利、捷克、匈牙利、意大利几个国家的十几个城市旅行，布达佩斯、维也纳、布拉迪斯拉发、克拉科夫、布拉格，回国之后开始记录这段旅程。他仍然记得动笔的那天是2012年9月3日，两个月时间写了六万字。后来这个部分成为刘子超第一本旅行作品集《午夜降临前抵达》的前半部分：夏。

写完欧洲行记之后，刘子超突然觉得以前那几年的困惑一下解开了，旅行文学可以成为自己的写作方向，自己感兴趣，也能写得好。几个月后，《ACROSS穿越》邀请刘子超回归担任编辑总监，在这份和旅行相关的工作里，个人写作和职业写作不再是相互冲突的关系。

但2013年并不是回归媒体的最佳时点。

刚毕业刚进入媒体行业时，刘子超和那一代的媒体人享受这个行业的全盛时期，媒体永远不缺广告，整个报业集团一年盈利四五个亿。但等到他再度踏回时，整个环境的下坡趋势是肉眼可见的，杂志按期出版，一期比一期更不乐观。一开始大家还寄希望于接下来某个时点就都会好起来吧。但很快坏消息越来越多，减薪、裁员，甚至有几次工资都发不出了。

2016年，《ACROSS穿越》正式停刊。刘子超选择辞职，申请前往牛津大学参加路透新闻研究所的一个研究项目。牛津大学的项目结束后，刘子超回国，一边旅行一边写作，通常3—4月进行一次短途旅行，6—10月安排一趟稍微长一点的。在英国的那一年里，刘子超还重译了海明威《流动的盛宴》。他在牛津一家书店里发现了"007之父"伊恩·弗莱明的另类游记《惊异之城》，从英国回来之后将其译成中文出版。这两本都是特别的旅行文学作品，关于20世纪20年代的巴黎和20世纪50年代的世界大都市，是时间上远方的未知。

小学时的某个暑假，刘子超读了一整个假期的《哈尔罗杰历险记》。这套书一共十四册，讲述了主人公哈尔和罗杰在亚马逊、海底城、食人国不同地方历险的故事，有的单册刘子超甚至读了四五遍。《哈尔罗杰历险记》的作者威勒德普赖斯是20世纪90年代的博物学家，受雇于美国自然历史博物馆及国家地理协会，在世界各地进行科学考察。自文艺复兴以来，博物学家是第一批探索世界，拓展人类认识边界的人。这部历险记也拓展了刘子超关于"远方"的想象。

而第一次对旅行者有概念，是初中时看《鲁滨逊漂流记》。刘子超对旅行者形象的终极认识来源于鲁滨逊。

他觉得鲁滨逊身上有一种开拓者的雄心，同时又兼具冷静、理性和智慧。"这就是我对旅行者的终极想象。这种想象可能是从哈尔罗杰、鲁滨逊、理查德·伯顿、阿拉伯的劳伦斯、罗伯特·拜伦、布鲁斯·查特文、奈保尔这样一路下来的。他们肯定都要去特别艰险的地方，但那些地方又特别丰富。他们独自前往探索，哪怕环境再艰苦恶劣，却依旧能保持内心的骄傲和自觉，所谓 grace under pressure[①]。"

旅行确实是充满危险的。

在九年前的那次印度旅行中，车祸带来的影响其实持续了整个行程。尼泊尔的小诊所并没有处理好伤口，进入印度后，刘子超发现伤口只是表面结痂，内部仍然溃烂，甚至有一个小洞。印度尘土多，又脏，每天的行程都是暴走，一天下来伤口总会恶化，他只能买来消毒液、棉花球、绷带早晚自行处理，擦去脓液，用棉花球堵上小洞，再用绷带缠起来。刘子超没有和任何人，包括同事和家人说起这件事，因为觉得没必要，直到走完四十天的行程，认为写作素材足够后，才踏上回程。回北京后刘子超第一件事情就是去看医生，医生告诉他如果再晚回来几天，搞不好就要截肢了。

[①] 压力下的优雅。

而刘子超在《失落的卫星：深入中亚大陆的旅程》的旅程里，让人心惊的片段也不少见。2018年刘子超在塔吉克斯坦一段前往帕米尔高原的公路上，两个小时里给警察交了九次钱，每次三美金。有一次因为两个警察实在距离过近，司机摇下窗户真诚地抱怨："刚交过啦！"警察就挥挥手让他们走了。不久之后刘子超看到这样一条新闻：ISIS开车碾死了四个在塔吉克斯坦骑车旅行的外国人，没死的又下车补了几刀。就在他曾走过的那条路上。

但无论如何，旅行作家总是要在路上，不是在路上，就是在去往路上的路上。

2019年9月初，刘子超到瑞士领奖，他的作品《乌兹别克斯坦：寻找中亚的失落之心》获得第一届全球真实故事奖（True Story Award）的特别关注奖。领完奖之后他又在欧洲待了两个月，十一月回到北京。

side B

中国人如何观察世界，可能是我们这个时代最重要的题材

三明治 你是什么时候具体怎么开始意识到，"旅行写作"可以成为自己的写作方向的？

刘子超 应该是《ACROSS 穿越》2011 年创刊，我写了创刊号的封面文章《穿越印度的火车之旅》的时候吧。那是我第一次认真进行旅行写作，看了很多书，也有意识地跟印度各个阶层、种姓、职业的人做了很多交谈和采访，体验到一种写"财富人群"时从未有过的喜悦。那篇两万多字的长文写得特别顺手，然后我就思考是怎么回事。我发现旅行写作其实对作者有几个方面的要求：时间（能不能做有时长达数月的旅行）、体力（每天暴走、颠沛流离，身体能不能吃得消）、外语能力（英语流利是必需的，最好还要有别的语言能力）、旅行技巧（旅途中遇到的各种问题、意外、危险有没有办法解决）、知识面（对目的地方方面面的了解和认识）、世界观（怎么观看，放在什么框架里）、采访（如何发现，如何捕捉）、写作（如何处理素材，如何表达）。我不见得是单项得分最高，但可能是综合得分比较高的那种。

三明治 那是什么时候开始,你觉得可以把旅行作家当作一份全职职业?旅行也是需要花销的,有没有担心过开支的问题?

刘子超 我一直想成为作家,这是很早就有的想法,但一开始并没有刻意把旅行写作当作职业。当作家总得需要一个起点,我觉得如果我一开始就写小说可能不会有太多优势,这是成长环境和经历决定的,既没有过残酷青春,也没经历过大风大浪。即便工作以后,一天班也没坐过,社交也非常疏离。这样的人生也不能说不值一提,但作为作家出道的确特色不明。但在旅行写作这个小门类里,我比较能发挥自己的特点,就像上面说的——综合得分比较高。从更大的视角看,中国人如何观察世界,如何与之互动,可能是我们这个时代最重要的题材。以前的中国人没有这样的机会,这是近十几二十年才渐渐开始的潮流。如果未来的中国会成为一个世界性国家,我无法想象中国的知识分子和作家对世界没有做过亲身的梳理、观察、描绘。这个过程英国、美国经历过,我们也会经历。2016 年我从牛津大学回来,媒体行业正在经历一场大洗牌,太多人离职转行。当时也担心开支问题,毕竟积蓄有限,但在那种情况下也没有再回媒体的可能性(几乎都在收缩),而彻底转行、当社畜、创业都不适合我——这一点我有自知之明。于是也只有随波逐流,走走看看,从手头能做的事情干起。

三明治 作为自由职业的旅行写作,具体是怎么开始的?

刘子超 离职前一年,2015 年,我刚出版了《午夜降临前抵达》,还得了书店文学奖·年度旅行写作。那对我的鼓舞挺大的,让我觉得自己有可能可以靠写作谋生。从牛津回国以后，我一方面梳理手头现有的材料，觉得可以写一本印度和东南亚的集子，另一方面也在考虑写一本更有完整性的作品。回来后去的第一个地方是菲律宾，后来写了《菲律宾跳岛记》，发在了《单读》上。毕竟在媒体圈摸爬滚打了近十年，还是得到了一定的信任度，只要有作品写出来，总能找到发表的渠道。

三明治　在旅行的过程中还会做一些其他的工作，来维持基本的开销吗？

刘子超　主要是做翻译。这些年也陆续翻译了几本书，现在也依然在做这方面的工作。翻译工作就像每天去健身房练肌肉，有多大乐趣谈不上，但长期坚持可以维持你的基础脑力，我一般是清晨爬起来先做完今日份的翻译，两个小时左右。

不断离开"此地"，是文学的母题，诗意的所在

三明治　旅行的过程中怎么记录，习惯用手机还是纸笔？

刘子超　我有一个随身携带的笔记本，traveler's notebook，可以换芯。旅行中随时有发现和想法就会记几笔。比如，看到一个有意思的人，他穿着什么衣服，五官有什么特色，都会马上写几笔。这种细节看似没用，但到写作时常常具有唤醒功效。

三明治　有没有遇到过回忆时发生断层，或者笔记缺失一个比较重要的部分的情况？

刘子超　断层什么的可能会发生，虽然我不记得自己发生过，毕竟有记笔记的习惯了。而且发生也没事，记忆也是一种自然筛选的过程。有些事忘了说明可能没那么重要。

三明治　旅行过程中有过物品遗失、被盗的经历吗？

刘子超　旅行中被偷被抢还是很常见的，就当是财富再分配吧。印象里有两次被偷都是在非洲，一次在摩洛哥的马拉喀什，因为那个地方特别棒，我拍了很多很好的照片，正在走回去的路上编辑朋友圈准备嘚瑟呢，九宫格刚刚凑满。结果朋友圈还没发出去，手机就被摩托党抢走了。iPhone 有定位功能，我赶紧回去用电脑查手机在哪儿，发现定位在老城的一条小巷里。第二天白天天一亮我就去了，但进去之后发现阿拉伯古城的小巷完全是一片迷宫，就算你知道你的手机在哪儿，但周围很多家很多户，你绝不可能进每家每户去问谁把我的手机拿走了。所以一进到那个地方我就想，算了。后来在摩洛哥经常被摸被偷。另外一次丢手机是在埃塞俄比亚的首都亚的斯亚贝巴，也是拿起手机拍了个照，旁边来了几个当地人，一个人吸引你注意力，一个人偷东西，等反应过来的时候手机没了，钱也没了。不过好在没丢过大件行李。

三明治　之前你提到无论旅行多久，都只带一个登机箱和背包，但不同季节要带的东西不同，有什么东西是必带的？

刘子超　我的登机箱是 Rimowa 的 Bolero 系列，前面能放 MacBook air。背包有两个，会根据去的地方换。一个是 Freitag PETE（如果主要去城市），一个是功能性更强的 AS2OV。

必带的就是简单的衣服、洗漱用品、电子产品。冬天大衣肯定要随身穿，行李箱里就不用塞了。

三明治　旅行中会带相机吗？还是只是用手机拍摄记录？
刘子超　重要的旅行会带相机，但现在手机像素也够高了。

三明治　很多旅行记录都更倾向用影像来表达，尤其现在短视频很火，你考虑过用 vlog 的形式来记录吗？会不会觉得旅行文学的空间会被影像挤压？
刘子超　我喜欢精致的东西。用什么形式我并不在乎，只要做得够好。比如我也愿意带团队一起拍旅行纪录片，但如果是很粗糙的东西我就没兴趣了。

三明治　你认为旅行和度假有什么区别？
刘子超　旅行是有共情地探索，度假是解压式地享受。或者简单类比一下：旅行是读书，度假是煲剧。

三明治　旅行在我看来是一个不断离开"此地"的过程，你觉得为什么需要总是离开"此地"？
刘子超　不断离开"此地"就是文学的母题，是诗意的所在。

三明治　有没有计算过目前你的旅行轨迹抵达了多少个国家？有没有还未涉足，但希望未来造访的区域？
刘子超　真的没刻意去算过。但有很多想写的题材，比如"环地中海三部曲"。

一千四百年过去，中亚依旧如此迷人

三明治　新书《失落的卫星：深入中亚大陆的旅程》，是提前规划好成书框架再写作的吗？写作持续了多长时间？

刘子超　是先写出一部分之后，停下来思考，结构才慢慢变得清晰起来的。因为我第一次产生写中亚的想法是 2010 年在霍尔果斯眺望哈萨克一侧的天山，最后一次旅行从中亚回国，则是从哈萨克一侧回到霍尔果斯，等于九年时间形成了一个旅行的圆环。当时的想法是，书从霍尔果斯开始，最后回到霍尔果斯，也形成一个书写的圆环。所以开头和结尾的结构是最早定下来的。中间部分调整过几次，最后决定按照现在的顺序是主要基于叙事的节奏。我希望大家读这本书的时候，就像听一张交响乐，每一部和每一部之间是有情绪流动的，序幕和尾声又构成呼应。

写作是从 2017 年 9 月开始动笔，2019 年 7 月完成初稿，8 月二稿，2020 年 2 月又最后重新修订了一遍。

三明治　写作跨越了这么长时间，不同的行程在不同时间完成，但最后要系统地组合在一起，这会成为一个问题吗？

刘子超　其实这个没关系的，因为没有人规定旅行必须一次性走完。当你写作时，更重要的是叙述的走向：怎么处理这本书的结构。找到一个合理的结构很重要。

三明治　中亚都是历史、文化、艺术、宗教非常丰厚复杂的地区，看到书的最后附上了一些书目，但你实际上看的书是超过这个量的吧，你是怎么把史料信息与行记本身联系在一起的？

刘子超 最后的附录是编辑让我写一些比较有趣味的书目和影像，我接触过的资料肯定比这个规模大得多。

史料是你理解这个地方的背景，就好比你写帕米尔高原下的一个村庄，帕米尔高原是这个村子的背景，对你理解这个村子的形成有很大帮助，但你真正要写的还是这个村子里的人和他们的生活。旅行文学如果变成堆砌史料就会变得非常无趣。

因此，世界观很重要。先要确定大的思考框架，然后再进入细节，这样就能分清哪些资料是重要的，哪些只需一带而过。

三明治 中亚地区的语言很多，书里还写到你也会一些乌兹别克语，是有特意为中亚旅行学习语言吗？

刘子超 是的，旅行中一边走一边学，有机会就练习，所以当时提高很快，回来不用忘得也快。我最后两次去乌兹别克斯坦，乌兹别克语水平到达了此生的"巅峰时刻"，打黑车时能跟司机简单寒暄几句了。之后我就再没付过车钱。因为外国人会说两句乌兹别克语太罕见了，司机无论如何也不肯收我的钱。有一次在喀什转机，听到机场广播说维吾尔语，发现还能听懂一些。乌兹别克语和维吾尔语很接近，都是察合台语分出来的。

三明治 中亚这一趟的旅费怎么样？你还申请到了单向街基金会的"水手计划"赞助，足够覆盖支出吗？

刘子超 水手计划赞助了五万块钱，我自己应该花了近十万块吧。也就是说，这本书卖过 15000 册以后，我才算开始赚钱。

三明治　旅行过程中你怎么解决食物种类有限的问题？有因为饮食而生病的情况吗？

刘子超　中亚传统食物就是馕、抓饭、拉条子、薄皮包子、烤肉这些，到小地方往往就没别的可选了。像阿拉木图、塔什干这样的大城市，还有比较好的俄国菜、格鲁吉亚菜、西餐等。比较幸运的是，我不太有中国胃，几个月不吃中餐也没问题。不然旅行会很惨。

在塔什干有一次应该是不小心吃了什么，导致拉肚子，但又不是吃脏东西吃坏肚子的那种拉肚子。躺了几天，基本不敢吃东西，因为一吃完东西，过 15 分钟后就会开始拉肚子。最后也没去医院，靠抵抗力自愈了。

三明治　玄奘以后，中国人对中亚的书写几乎很少，在你收集资料的阅读中，还有碰到过其他中国人对中亚的写作吗？你觉得你站在现在的时点和立场去书写中亚，和玄奘书写中亚，是否有经历了漫长时间依然相似的？

刘子超　确实很少碰到中国人对中亚的严肃写作。罗新老师有一篇长文《月光照在阿姆河上》是我唯一读过的。和玄奘最大的不同，肯定是我们现在对世界认知的深度和广度都已经远远超过那个时代了。他当时是抱着必死的信念去的，因为根本不知道能遇到什么，像黑夜中行路，靠的是一点点摸索。而我显然知道自己不会死，除非出车祸什么的。我也有地图，知道自己要去哪里。相同的是那种执着和探索精神，以及中亚依旧如此迷人。

三明治 接下来还有什么旅行写作计划吗？之前你好像想写俄罗斯，现在进展到哪里了？

刘子超 可能暂时先放一下俄罗斯，虽然已经写了四万多字的克里米亚。主要是这半年来世界发生了太多的事，有点像一场重置过程，需要通过耐心地阅读重新确立坐标。我自己倒也并不着急。就像打猎一样，开那一枪是很快的，重要的是等待的过程。

文学本身最有意思、最具吸引力的地方,就是用具体的、单薄的、脆弱的、个人的生命力不断去对抗顽固的成见与惯习。

张定浩:现在对所谓的年轻一代写作者越来越宽容

撰文
旁立

side
A

张定浩的办公室光线昏暗，堆满了书，我们长聊了四个小时。他谈论起诗歌、个人身份问题，也毫不避讳地指出一些作家的问题所在。他身上同时展现出了尖锐与柔软，他试图慢慢改变自己身上那种出于怕伤害别人的优柔寡断。如他所说，仅仅是作为某种普通读者对于文学批评界的不满，一个作者写出一部糟糕的作品是应当怜悯而非批评的；要批评的，仅仅是它竟一再引发的虚妄赞美。

上二楼，拐两道弯，经过数道敞开的门后，往前走，在走廊的尽头，你会看到那扇贴着对联的门，推开门，里头是《上海文化》编辑部。巨鹿路675号，上海作家协会。张定浩的办公室在这里。他的工位在右侧最里边，爬山虎与藤蔓爬上窗沿，门对面的阳台像一个植物的浴缸，讲究情调的新婚夫妇会来到阳台拍婚纱照，阳台上的有些落叶蹦到了房间里，在地板上书堆中散落着。

他的椅子附近有一辆老式自行车，是《上海文化》主编吴亮放在这里的。"大概至少放在这有五六年了吧，在没有共享单车之前就有了。他曾经偶尔骑自行车上班，但后来他害怕摔跤，就没骑了。"

在一个场合，张定浩谈起在这里的工作状态："我现在在上海工作，在一个老房子里。我的办公室外有很多爬山虎和藤本月季，冬天叶子都落了，阳台上堆满枯叶，只剩下那些攀爬在墙壁、窗台和阳台栏杆上的灰白根茎，你觉得它们都已经死掉了。但是我在那个办公室待了九年了，我知道每年春天，那些人们以为死掉的根茎上又会开出嫩红的叶子苞，又会重新开出新鲜花一般的叶子。那是年年来去的东西，古老的根茎连通更为古老的大地，它只要活着，就会一年年开出崭新的花来。"

"江海浩茫鱼得水，鹂莺嘹亮树回春。"贴在门上的那副显眼的对联，张定浩告诉我，这是《上海文学》的编辑崔欣写的。"她在练书法，大概1月的时候我去她们办公室玩，看到她写了一副嵌了他们同事名字的对联在门上。然后，某一天中午，她就同她们另一个编辑，把嵌了我们编辑部各个人名字的自撰对联快闪般地贴到我们门上了。"

从2008年到现在，他在这里工作了十一年。职业身份是编辑，也是文学批评家，在一些场合，他的身份标签是一个"写作者"。

他认为"诗人""作家"都是一种头衔，是由别人去言说的。"我在简历上从不称呼自己为诗人，我最多认为自己是一个'写诗的'。但有时别人非要那么说了，我也没办法。我首先是一个写作者，诗人和批评家都是别人给的称呼，我不能自己称自己为诗人，否则很奇怪。"

他更为人所知的身份是文学批评家。"批评"二字，在当代中国语境下，总与复杂的人际关系相粘连。人们喜欢用"圈"来特指不同类型的场域，文化圈，娱乐圈，诗歌圈。文学批评家总会被认为是挑起文学这个圈子里事端的一类人。在多个场合，张定浩被问过同样的问题："批评会让你得罪人吗？"

他谈论了自己写文学批评的动因，"仅仅是作为某种普通读者对于文学批评界的不满，一个作者写出一部糟糕的作品是应当怜悯而非批评的；要批评的，仅仅是它竟然一再引发的虚妄赞美"。尼采的话被他引用，试图去论证虚假的批评之不正义。"假想一个人具有一种他实际上并不具有的美德,这是接近疯狂的行为。这样一种假想显然比与之相反的对一项绝对恶行的疯狂迷恋还要危险。因为对绝对恶行的疯狂迷恋还有治愈办法,而前者则会让一个人或一个时代一天天变坏,也就一天天不公正。"张定浩在《职业的和业余的小说家》中写道:"对我而言,自觉可以发言并且能够起到适当作用的领域,是文学。"

一个周末的下午,诗人胡桑邀请他与《思南文学选刊》的副主编方岩在同济大学做一场讲座,那场讲座选用了张定浩的一本书《职业的和业余的小说家》来命名。方岩声音响亮、有力,穿着黑色风衣,张定浩穿着白色西装,柔弱,声音不大。听众多由同济大学创意写作班的学生组成,面对这些小说初学者,二人身上并没有来自经验丰富者的卖弄。

当他表达自己的文学观点时,感受到的不是一种情绪的沸腾,而是冷静与诚恳的判断。除了平静,在他脸上,看不到更多的表情。似乎必须维持某种平衡,才能真正走进文学。抵达文学的路上充满了陷阱,他对那些年轻的学生谈论了"文学的敌人"——文学青年症和油滑职业病。

"文学青年拥有各种各样的自以为是的成见,他们总觉得这个世界在和他们作对,他们在一种莫名的反抗当中寻找一种自我存在感。"

"我们会看到很多所谓的作家和诗人,他们出过一些书,年轻的时候可能写过一两部好的作品,也长年从事写作,但这种写作的职业性慢慢转化为油滑、投机和自我重复。"

胡桑开玩笑说,不论到哪里开讲座都会有人找张定浩签名,方岩顺嘴说:"我是给张定浩递签名笔的。"张定浩并不排斥名声,借用黄德海的一本书名来举例,他认为"名声"最好的状态就是处在"若将飞而未翔"的时刻。

"一只鸟若将飞还没飞起来,最好保持那种将要成名但又没有真正成名的状况。一个写作者如果长期不被人所知,也会很难受,也会失去自信。所以说需要一点点名声,但是名声很大以后也可能摧毁一个人,因为围绕在你周围都是粉丝,然后很多人都来吹捧,慢慢地头脑就会发热,就不知道自己是谁了。"

一个批评家,在有了些名气后,还能真实地去发表看法吗?机巧地伪装或者保持沉默会是更容易的选择,不过张定浩没有选择这条路径。2019年的宝珀·理想国文学奖揭晓后,候选人班宇落选。他的书籍《冬泳》在获得易烊千玺、李健推荐后获得了更多人的关注,叫好声一片。但张定浩没有选择沉默或是更圆滑的话术,他直白而尖锐地表达了自己的看法,"扭捏造作的书写",认为作者过分自大。

东北叙事、底层经验,张定浩对此类型的书写并不是持着精英主义的批评姿态,而是从小说家的基本书写能力去评判。"很多东北叙事,比如班宇的书籍受到追捧,多是因为很多读者生活在一、二线城市,他们更希望看到一种陌生感的经验,但这个经验并不代表'好'。面对自己不熟悉的书写,我们往往对其降低文本上的要求。"

同时,张定浩表示,自己也并不会因为作家名气较大,就对那些写得糟糕的部分"视而不见"。面对那些被很多批评家赞美"政治正确"的作家,张定浩也会正面提出异议。

近两年,张定浩陆陆续续获得了一些奖。在《南方人物周刊》"2019青年力量"的颁奖典礼上,评委给他的颁奖辞是:"十多年来,这位新锐批评家以初生牛犊的懵懂、敏锐和直率,把刀锋对准当代文坛业已功成名就的大佬——余华、苏童、格非、阎连科、马原等人,直击他们近年新作中的软肋与'命门',以及这些粗糙、背离真实生活和劣质类型化背后的懒惰、迎合与投机心理。"

我问他成名后的感受如何，张定浩坐在椅子前半部分的边沿，有些躲闪地笑道："我没什么变化，再说我也没拿什么奖。"

1992年，张定浩16岁，开始念大学。相比起80年代热衷谈论各类西方主义、探讨价值观与国家角色的文学图景，90年代的文学面貌是模糊的。人们开始下海经商，知识分子转投市场，在怀疑与失落面前，人们逐渐对新的世界展现出认同与妥协。华北电力大学在保定，张定浩待在那里，生活闲散，没有受到商业与市场的诱惑，也没有接触到一种公共的文学讨论空间，他待在图书馆，开始阅读一些严肃文学类的书籍，尝试写诗，参加文学社团，"写得乱七八糟"。

张定浩在安徽马鞍山长大，长江边上的一个小县城，父亲在水泥厂做化验检测，母亲是来自上海的知青。小时候，张定浩在水泥厂的子弟小学念书，过着平淡而无聊的生活。

总共上了五年小学，三年在厂办小学，两年在县城的学校。很小就近视了，他戴着眼镜，和周围的同学看起来不一样。童年过得相对平和，他开玩笑地认为这是他写不了小说的一个原因，因为没有什么童年创伤，也没有经历过什么苦难。

读书过早，5岁不到就念了小学，16岁上了大学，在此期间，他一直是班级里年纪最小的人，周围同学普遍比他大两三岁。年龄的不同带来经验的错位，周围人进入青春期开始谈恋爱，他只能通过进入书本与学业去消化那种差异与不安感。

他认为自己是一个迟钝的人。所处的外在环境一直没有什么剧烈变化，从一个小县城到一个并不大的城市保定——一个相对稳定的公共空间与集体里生活，让他处于一种恒定的"安静"之中。毕业后，他被分配去了安徽的一个电厂，起初在一线做锅炉分场运行工，五班三倒，白班小夜班大夜班轮着来，上班时坐在监控室里面对着一排排仪器，每隔一个小时拿着一个值班本子，到外边坐电梯，上大锅炉周边沿着所有设备仪表走一圈，记录数据，检查异样。一年后根据专业去了热控分场，做检修员，恢复上白班。在工厂里做了五年，没事时乱看看书，喜欢村上春树，还写了自己的第一篇小说。成为一个业余的文学青年他认为有些无聊，想成为一个真正的作家，想拥有一个系统的文学训练。怎么办呢？他决定考研。张定浩选择考复旦的现当代文学专业，母亲一直没有回到上海，他有点想替母亲回到那个城市的意思。

第一次没考上，被调到上海社科院，他来到位于淮海路的学校地址，一看整个学校几乎就一幢楼，一个乒乓球台还摆在楼道口，他想，摆在这里还怎么打球呢？直接返回了厂里，决定再考一次。之后一段时间非常沮丧，他觉得中学时成绩一直很好，任何考试对他而言都不是什么难题。但考研给他带来了很大的挫败感。

但别无选择。如果想要离开这里去往更大的城市，除了坚持考研，他想不出更好的办法。像其他人辞职去上海冒险吗？他认为自己做不到。"我没有什么才能和技能，我去上海能做什么呢？"

再度考研后一个傍晚，他接到了初试通过的电话，立即获得了一种解脱感。这次他去往上海面试，穿着一身隆重的西装，在等待面试的楼道里，他遇见了将来的同学黄德海，二人一同面试，后来在一个班级，也住在同一宿舍。

重返校园，开始重新成为一个大量阅读者，导师许道明先生做现代文学批评史方向，对史料与理论都很重视，从这时开始，他逐渐拥有了自己的阅读谱系，侧重在西方现当代文论部分以及经典文学作品。那时，张定浩开始在复旦 BBS 等一些网络论坛写一些诗歌或散文，会很快得到回应，大家的讨论也很热烈，从那里，他获得一些对写作的信心。但他一直对写小说缺乏自信，"记性不好"，"只记得一些模糊的情景"，"缺乏还原场景的能力"。毕业后，他先后去了两家出版公司，随后又去了一家时尚杂志，都是做编辑，薪水都不高。迷茫一直伴随他，编辑的身份是职业的身份，但从写作的志业上看，他不知道自己会成为怎样一个人。

2008年，张定浩进入正在筹备改版回归文学批评领域的《上海文化》工作。杂志是双月刊，工作时间比较自由，不用打卡，一周来三天，编辑部起初一共三人，主编是吴亮，编辑是张定浩与另一个女生，两年后这个女生辞职去写剧本了，黄德海当时恰好也想换单位，就也来到这里。前几年《思南文学选刊》筹办，黄德海被调去做副主编，编辑岗位再次空缺，在复旦时认识的老朋友木叶就如约而至。

下午一两点，阳光会穿过爬满窗户的爬山虎溜进办公室来。张定浩说他喜欢在办公室审稿、阅读，和朋友们聊天。"整个环境很安静，没什么打扰，上海作协的环境也很宽松，没有什么官僚气息。外界一般都会批评作协的某些做法，感觉那是一个很糟糕的团体，但其实要具体看待的，每个地方的情况都不一样，反正在上海，没有那种情况。"

张定浩的诗歌中流传度最广的是《我喜爱一切不彻底的事物》，音乐人程璧将它谱成了曲。程璧告诉我，偶然间，她阅读到了这首诗，一种细腻感击中了她。一首诗要成为一首曲子，要相对地自带韵律感和节奏感以及某一句可以反复被吟唱，程璧说。

这首诗并不是张定浩最满意的一首，但他似乎也找不出自己最满意的诗。他认为写诗是一个很虚无的事情。"你可能坐一天都写不出一句话，就算写了你也不知道写的什么。写诗需要大量的空闲时间才能承担这种虚无，否则你会觉得很焦虑。"他出了一本诗集，五十多首诗，现在出版社找他出第二本，但手头才二三十首诗，还不够出版。

不再是一个青年人了。成为一个中年人对他来讲是一件高兴的事，外在名声的获得逐渐打消了一个青年人的不自信，也让他知道什么是自己真正想追求的。"年轻时想做的事总归会很多，慢慢地，就是一个不断做减法的事情。"

我想起2016年冬天，接近中午十二点，有人喊我去喝酒，也是在巨鹿路，我在那个酒桌上第一次见到了张定浩，他穿着米色的大衣，在座的还有颜歌，这是为了迎接她回到中国的一次组局，一共六人，人们谈论起中国人、外国人的身份等话题。他安静地喝酒，偶尔抽一支烟，坐在最边上，几乎一言不发。

side B

小说并不是历史教科书的传声筒

三明治　你会赞同很多上海作家的作品是一种"小文学"的说法吗？比如侧重对个人情感书写的文本。

张定浩　我不认同。"小文学"和"小文人"的概念背后其实隐含着一种偏见，认为情感是小的，社会历史是大的。我不赞同这样的看法。因为不存在一个所谓的社会历史，这是个抽象空洞的概念。文学的内核就是个人生命情感，你只有清晰地认识自己的生命情感，你才能够正确地理解外面的东西，不管那个东西是被称为历史、社会还是世界，否则你理解的东西都是很空泛的，到最后你就会变成一个被社会大政治、大历史事件牵着走的人。文学本身最有意思、最具吸引力的地方，就是用具体的、单薄的、脆弱的、个人的生命力不断去对抗顽固的成见与惯习。

三明治　但是中国的很多作家还是非常喜欢宏大叙事，似乎任何文本都必须去表明一个特定的历史背景。

张定浩　历史。一个小说家要创造自己的历史观，要有能力重新叙述历史。所有的历史都是被事后叙述出来的，一个好的历史学家是有能力重新去解读历史，而不是跟着教科书去解读的，一个文学写作者同样如此。很多当代作家笔下，人永远是被动的，比如"文革"时如何，解放时怎样，抗战时又怎样。真的是这样吗？一个具体的人的生活跟历史之间是有个交错的，有时候赶上了，有时候是没赶上，有时候甚至是超前了，永远在变化和不确定中。小说并不是历史教科书的传声筒。说厚道一点，一些作家没有能力去处理历史、面对历史。所以他就是只能接受一些二、三流的历史教科书的知识，他更加没有能力去面对当代最前沿的历史哲学思想。而作为一个小说家，你应该要有眼光看到，一个流行的历史叙述里面新的哲学思想是什么，但很多小说家没有能力去辨析，都是人云亦云。至于西方读者看待当代中国小说，基本类似于清朝民众看西洋景，不是要看艺术，而是看里面的洋女人，西方读者看当代中国小说也不是要看艺术品质，而是看里面符合他们想象的黑暗与体制化生活。相对于当代中国对于西方文学的全方位译介、学习与热诚理解，西方社会对于当代中国文学的认识程度一直是肤浅和可笑的，当代中国作家对西方来说只是个橱窗般的存在，代表了这个体制下的一些反应，是一种符号性的东西。但可悲的是，我们的某些作家，我们的某些读者，都似乎活在清朝末年，看到某个洋大人喜欢自己或看到自己某个作品被翻译成根本没人看的洋文，就恨不得一跳三尺高。

三明治　你会认为现在年轻的一代小说家,是否面临着一个非常严酷的事实,比如缺乏外在的经验?

张定浩　我觉得是能力的问题,不是经验的问题,经验匮乏其实都是一个借口,因为你生活中每处都是经验。有一种说法是,18 岁以前的经验就足够写一生了,就是你遇到的每件事情中都蕴藏一个异常丰富的世界,类似莱布尼茨所说的单子,并不是说你一定要遇到什么战火灾难啊才是经验。我觉得现在很奇怪,就在这几十年,所谓的生活经验,在小说写作中出现了一个特别明显的歧视链。歧视链底端是大城市的男女婚恋的经验,越老少边穷的地区,小说档次似乎就越高,所以现在流行写小镇生活,而像路内这样能写工厂生活的,文学青年就觉得"哇好厉害,他在工厂生活过耶,好有生活经验啊",像阿乙写警察生活的,也同样如此,写东北或者边疆看起来就更厉害了。这很可笑的。经验本身并没有这样的一个级别,这纯粹是因为大部分的受众是在一、二线城市,他们希望看到一个陌生经验,但是陌生感的经验不代表好,我们往往会对自己不熟悉的东西降低要求。

三明治　所以是因为没有能力去处理当下发生在这种我们每个普通人身边通约的这些经验。

张定浩　是的,没有能力。你看《聊天记录》、"那不勒斯四部曲"这样的,他们处理的都是大城市的日常经验、日常情感。写小说,首先你要足够诚实足够勇敢地面对那些令你不安的东西,那才能够打动别人,而不是说写出别人想看的东西。一个写作者必须要写出你的诚实,要去写你真正面对的东西。这个东西是每个人都在面对的。只是大部分人没有勇气，也没有能力去把它表达出来。

三明治　所以它不是一个题材的问题，是一个认识的问题。你以前引用过一位作家的话，就是"写作是为了取悦过去的人"，怎么理解这句话？

张定浩　那个话来自克尔凯郭尔。因为那些过去的人你不会看到他们，所以你写的时候你会对自己更严格，而不是像我们现在一写完就立刻期待有个反应，然后点赞率越高，你就觉得不错，你就不停地会被受众和粉丝所绑架。但过去的人看不到你，你就只有自己，自己对自己的要求才是最高的。而他人点个赞，并不意味着你写得很好。

三明治　现在似乎有一些小说家在结构或者文体上不断解构，沉湎在形式上，有人认为这是一种"刻奇"，你赞同吗？

张定浩　这是一个不太好的现象。根本原因是因为这些作者没有能力处理日常对话。我觉得一个人能不能写小说，一个基本的能力是他能不能处理日常对话，比如说能不能还原一场饭桌上的谈话。你看现在年轻人写的大部分小说里只有两个人在说话，一个男主人公和一个女主人公。或者是一个人不停地絮叨，但这是每个人都能写的，它不是一个小说家的独特才能。小说家是能够还原一个现场，一个鲜活的气息。乔伊斯、博尔赫斯、波拉尼奥这样的作家，他们本身已经具备处理日常生活片段的写作能力，在这之上他们才会去进行这样那样的实验。乔伊斯是先写过《都柏林人》

这样非常扎实的现实主义短篇小说之后，然后才可以天马行空地进行各种文本实验。我们现在大部分人是直接去做那个实验，这是一种投机取巧，或者是不愿意面对写作中的困难而选择走捷径的方法。因为那一套结构、文体，容易学，但没用。那最后写出来只是"像个小说"而已。

三明治　一些作者可能会轻视对话这类看起来非常日常的场景。

张定浩　为什么很多网络小说写得那么烂还有人愿意看，因为读者其实对小说的要求是很低的。但是我们现在对所谓的年轻一代写作者越来越宽容，很多人其实写得还不怎么样，就被称为青年小说家，但很多时候他们都没有能力去取悦一个普通的读者，我觉得这是个很大的问题。一些文学期刊里的很多小说根本没法看，看一眼就不想看了。我把这些小说称为无趣现实主义小说，这些作者学会了一个技巧，就是事无巨细地描述一些特别无聊的东西，好像很真实，但是这东西是无趣的。文学既要写出真实，但也要在一群真实的混沌当中提取一个最有价值的东西出来。

三明治　是因为当代写作者在写作中的"自我"过大了吗？

张定浩　也有可能。很多文论都在说同样一个问题，就是小说家要学会从他人的眼光去看待自己，每个人都是类似的，一个即使跟我们不认识的人，一个陌生的人，一个远方的人做着不同的工作的人，他照样跟我们一样都是人，如果我们如果能够深刻地理解自己，我们也可以理解他人。其次，你要如何理解自己，你要通过他人去理解自己，是看到别人眼睛里的我，有这样一个折返后,你会有一种新的感觉,像昆德拉说的"轻微的反讽"。

三明治　您刚刚讲的是一种文学的视角,那您在写的时候,是否会借鉴社会学视角去理解人、去看待问题呢?

张定浩　我理解你的意思,但是这个只是一个辅助,但最后你不能回到一个身份一个符号上,还是要从细节、从感受力上去理解。就像契诃夫的手记和随笔里经常会谈到小说怎么写,他说要让别人主动感受到一件事情,让别人意识到自己的感受,而不是你直接告诉他这个感受。

三明治　我认识的一些小说家、道德感极强,一个写作者的文本与个人道德必须一致吗?如果不一致其文本本身是否也存在道德上的危机?

张定浩　我觉得写作者面临的考量,不是真与假的对抗,也不是善与恶的对抗,这两个对抗就简单了。面临的真正考量是这种善与另外一种善的对抗,这种真实和另外一种真实的对抗。这时候才存在着各种各样的悖论、矛盾、不安。如果是善与恶的对抗,那内心就没有什么不安的,就是好人坏人嘛。真与假其实也没有什么不安。但如果两种都是真的,都是善的呢?那怎么办?

三明治　就像书写边缘与底层,就是"善",好像就获得了一种道德上的底气。

张定浩　对。我觉得这是很糟糕的,所以当初我很推崇沈诞琦,她书写那些比她自己更杰出的人，她书写的是精英阶层。但老在豆瓣被骂。同样是非虚构的题材，我觉得书写精英阶层和书写被侮辱与被损害阶层，这里面本身没有高低的区分，但我们现在书写后者，就好像是一种唯一正确了。其实，这里有迎合大部分普通人的那种愿望。就是一种满足感，一种看到比自己更差的人的同情心。但是这里面的底层，是直接跟政治联合在一起，也就是"我"对底层的同情，代表了"我"对社会制度的反抗，这两个是一体的，代表了"我"是一个有正义的人。但是即使是底层，我觉得没有任何人是依靠苦难活着的，一个人在底层再痛苦，你也要有能力看到他的欢乐，你对他的苦难的书写才真实。

你写出一首好的诗的时候，才是一个诗人

三明治　有多重身份在你身上，比如诗人、编辑、文学批评家，我在很多场合看到你说自己是一位诗人，我想知道这个标准是什么。

张定浩　我现在的简历假如让我自己写的话，不会写诗人，我最多是注明"写诗和文章"。有时候是别人那么称呼了，你也没办法。我觉得自己首先是一个写作者，至于诗人和批评家都是别人给你的称呼，你不能自称为诗人，否则很奇怪。我可以说自己是一个是在写诗的人，我应该不太会说自己是诗人，我觉得这在某个程度上也是一种写诗者之间的共识吧。比如美国诗人弗罗斯特，他的履历表上从来不称呼自己为诗人，他说诗人是一个荣誉，是他人给你的荣誉，而非自称的。写作者就是一个行为，这是一个自己的身份认定。然后还有个职业

的身份就是编辑。这些年我从复旦出来，一直都是做编辑，因为做不了别的事情。在出版社做过编辑，然后在杂志、民营图书公司做过编辑，我 2008 年到《上海文化》来，在这里也待了有十多年。编辑，就这一个职业身份，所以我对自己就是两种身份的确认，写作者与编辑。

三明治 那为什么不称自己为作家而是写作者？这两者有什么区别吗？

张定浩 作家，有个"家"字在，也是个荣誉的身份。我总认为一个人称自己是作家略微奇怪。这同样也是一个他人给你的身份，但当别人这么称呼你的时候，你有时候也没法反对，反对也显得挺矫情的。

三明治 是不是因为就"诗人"这个称呼本身，在今天会夹杂着贬义成分？

张定浩 对。我觉得很多人不称自己是诗人，是出于这种原因，就是他觉得这是个贬义词了，他要找一个新的词，比如诗歌写作者或者是类似。但我没有觉得诗人是个贬义词。现在我不用它，正因为它是一个高贵的词，这个高贵的词就不能随意地自我授予。比如说跑步，你不能称自己是跑步冠军，对吧？你只能称呼自己是个跑步者，或跑步运动员。诗人，这个称呼相对而言是指一批写诗的人中间写得比较好的，不是说你写个分行的东西就自称诗人，诗人是你写出一首好诗的那个瞬间，你才是个诗人。我还蛮喜欢奥登的一段话，我可能也引用过，就是他在《染匠之手》里面，提到别人对他一个身份的界定，他说他只有在修改诗歌的时候才会认为自己是一个诗人。在他写诗之前，是一个可能的诗人，拥有成为诗人这种可能性，但还并不是一个诗人。当他这首诗写完之后，他又是个普通人了，只有在修改诗歌时才是一个诗人。因为你面对一个诗歌初稿的时候，要修改它，就需要动用你全部的技艺、经验，在那个瞬间你可能会是一个诗人。

三明治　所以它是一个瞬间的身份，而不是一个永恒的身份。

张定浩　可以说你写出一首好诗的时候，才是一个诗人，你写出一首好诗不代表你能够写出第二首好诗，每次都是一个新的开始。并不是说你写了一首好诗之后你一直就是诗人，这是一个不停变化的事情。但很多写诗的人挺荒唐。很多诗人他们成名之后就觉得自己怎么写都是诗。他们的身份开始大于诗歌本身。怎么能这么颠倒过来呢？

文学批评也是要去理解他人的东西

三明治　文学批评，应该是在一个在审美和能力的范畴，但现在很多人会把这视为一个伦理的范畴，你怎么来看待这种现象？

张定浩　我写文学批评，是评论一个人的作品，并不是要结交这个人。你要跟他保持足够的距离，你才有可能公正地去面对他的作品。至于得罪人，如果我觉得一个人如果这么容易得罪的话，也不值得交往。不过我批评年轻的作者时会稍微委婉一些，对出名的作者会更加严厉，因为后者承担着更大的公共责任。

三明治　怎么看待学院派的批评与经验式的批评？

张定浩　我觉得国外很多理论都是好的,但我们拿来一用就变得很差,而且那些理论被用在中国就好像一种时尚一样。这是有问题的,钱锺书是个懂得很多理论的人,他认为这些理论是可以共存的,比方说亚里士多德的理论与新批评派的理论,以及后殖民理论、酷儿理论,它们本身都可以共存。乔纳森·卡勒在《文学理论入门》讲得很好,国外的那些理论家本身就是创造者,他们的思想是解决一个个困惑。这是一个活的东西,而不是直接把那些理论变成诸如德勒兹说过什么、阿甘本如何如何看待问题,这就完全变成学术操练。当然,你可以这么练习,可以尝试运用某个理论去套解一个中国的文本,但是这不能成为真正的文学批评。

三明治　本质上是缺乏自身的洞见。
张定浩　对,你没有理解这个理论背后是要干什么,你只是用他的理论,你只是把它当作一件武器拿来使用,这里面没有理解,就像一个国家只是进口一批批新式武器,却没有力量引进一拨拨科学家一样,你没有能力去研制,没有理解它的原理,只是用对方的几句话,用几个名字唬人。

三明治　关于写作者内部等级问题,有人认为在这个序列里,诗人是最高的,然后是小说家,最后是文学批评家,你怎么认为?
张定浩　这也是写文学批评的人经常会被质疑的一个问题。有时候他们自己也觉得很惭愧,所以很多写批评的,后来开始写小说了嘛,就是觉得必须写部小说才能证明自己是个作家。乔治·斯坦纳说:"当批评家回望,他看见的是太监的身影。

如果能当作家，谁会做批评家？"他当然是一种自嘲，但是这种话会经常被人借用，当作一个事实。其实我觉得不是这样的，文学批评也是要去理解他人的东西，文学写作的前提也是理解他人，而不只是所谓文笔有多好。文学能力，在很大程度上，是理解力和感受力的问题。所有好的小说家，也都是建立在前人的基础上，他们的写作都有一个前提，都是看了打动自己的作品，然后慢慢地写出自己的作品，那并不是一个无中生有的东西。所以，不管是文学写作还是文学批评写作，都是所谓文明的延续，你要透彻理解过去的文明，然后才可能有一点点新的东西出来。假如年轻的时候只是凭借自己的一点个人经验和才华写作，这样的写作，会是一个抛物线式的写作，比方说写到三十几岁写出一个成名作，但成名作就是代表作，随后作品越写越差，没有一个不断的上升过程。而我们看到的很多西方作家乃至中国古典作家都是不停地学习，可能年纪越大写得越好，越写越成熟。过去讲"才""学"并行，但现在只注重才华，仿佛搞文学的人只要有才华就行了。

有些事物一定要默默生长，在泥土里面，在黑暗当中

三明治　你之前做过时尚杂志编辑，也在出版社做过编辑，再到今天的文学期刊编辑，这些工作经验会有什么不同吗？

张定浩　以前的工作，都是跟市场有关，市场是个很荒唐的事，你都不知道读者在哪里。前面几个工作面对的都是市场。在《上海文化》就不存在。我们这个杂志只印三千本。我知道这

三千本会给谁看。我们要求的就是口碑，这个口碑会比市场更加容易感知一点。

三明治　现在《上海文化》的内容来源是怎样的？

张定浩　现在大部分还是以约稿为主，或者是被推荐的稿子，很少有自由来稿。自由来稿的质量不太理想。作为写作者来讲，你写得好，一定不会随便乱投的。另外，我觉得这个时代不太会有那种被埋没的作者，尤其在互联网时代，贴出来你就会被看到，看到就会被传播。

三明治　有没有一个外在的借口存在？现在有些人写得不太理想，会把原因归咎于生存之类的。

张定浩　文学就是用来转换压力的呀，压力越大应该写得越好才对。我觉得做文学这一行的一个最大好处在于，它能把所有不利的东西转化为你的财富。这是别的工作做不到的。你做一个工人，做一个商人，遇到的糟糕不利就是糟糕不利，但在文学领域里面，所有糟糕不利东西都可以成为你的经验，甚至有些写作者生活很顺，反而觉得写不好，他一定要自虐一下。但更为关键的在于写作热情本身，不要总找借口觉得自己没时间写。爱丽丝·门罗年轻时抚养两个小孩，她说每天就是趁两个小孩午睡的那两个小时写作。你一天能写两个小时，如果集中精力的话，足够了。

三明治　你的状态看起来还是比较健康的，你是不是一个很善于自我管理的人？

张定浩　我还是比较善于自我管理的，但这可能也能说明我并不是一个很好的诗人。不过，我不太喜欢像一些人那样把自己搞成一个诗人状。一个作家或者一个诗人，这个身份好像成了一个可以跟社会生活格格不入的借口，这个毛病也是现代以来才有的。在过去，大多数古典诗人都是官员，李白、杜甫都做过官员，都首先是一个有能力去处理日常事务的人。艾略特起先一直也在银行上班，后来则在出版社工作，他首先是能够正常处理日常生活的，然后从日常生活那种不可改变的境遇里面，他感受到一些新的东西。但我们现在是把自己先要弄成一个跟社会生活格格不入的人。一方面觉得自己很悲惨，一方面又从这种悲惨当中，吸取写诗的能量，因为悲惨与自怜里面是有能量的。这不就是跟魔鬼不停地做交易吗？很多年轻人写作很喜欢写死亡，我做新概念作文大赛的评委，发现很多十几岁的少年全在写葬礼，就是因为那东西好像最容易打动人。

三明治　怎么看待这几年自己外在名声上的收获，你有什么变化吗？

张定浩　我没觉得我自己有什么变化。我都没获得过什么奖（笑）。尽量更低调一点吧。以前可能喜欢吐槽，现在就尽量少吐槽一点。因为有人关注你了，本来是随便发个牢骚，或者只是在朋友圈发一下，但被关注得多了，你的话就会被歪曲。其实不是说怕不怕得罪的问题，而是你的话会被不停地歪曲。我觉得名声这东西，自己是要控制的。有些人是追逐名声，我觉得最好的状态是保持的那种将要成名和未成名的状态。我的朋友黄德海，他有一本书的名字叫《若将飞而未翔》，就是一只鸟若将飞但还没飞起来,这是理想的名声的状态。因为一个写作者如果长期谁都不知道你的话,你也会很难受,你也会很失去自信,所以需要有一点点名声,但是这个名声很大以后也摧毁你,会损害你,因为你周围的粉丝或者有很多人的吹捧,你就会慢慢地头脑发热,就不知道自己是谁了。所以你需要有一点名气,但不要很大的名气。但很多人是被名声损毁了。损毁以后,就只能在这个时代慢慢消失。只有那些出名之后又没有被名声损毁的人,才能慢慢进入新一代人的眼光,或者说他的作品才会流传。名声是个双刃剑,也是个淘汰机制。淘汰人的方式有两个,一个是通过沉默和拒绝,一个则是捧杀。

三明治 现在你写作的状态发生变化了吗?

张定浩 还是有一点点变化的吧,这几年写得跟以前比有点变化。我也不知道写得好不好,我搞不清,有时候你很害怕进入一个惯常的语调,你知道这么写很不错,但是你写出来也就那么个样子,我就会自我反思。有些人可以一下子写很多。我可能有点别扭,觉得每一句都要写得很好,但不可能。一两句话是灵感的产物,然后剩下的慢慢形成。但是对我来讲,有时候就无法开始第一句,会感觉很糟糕,你就不可能随便。如果第一句话很糟糕,就写不下去。但这是我自己的问题。所以我有时候也会往豆瓣贴一点新写的诗。如果反应非常好,你会知道,可能有点问题。如果反应很差,可能也有问题,反应非常好的,就像迎合了某种东西,反应很差的,可能确实是写得不太好。不过我不太会在朋友圈贴诗,我觉得诗歌还是需要不停修改的。写完的东西应放在抽屉里面，在没有人看见的时候，它充满了各种可能性。但是你一旦把它们放在空气中，比如在朋友圈曝光了、贴在网上了，其实就不可能改了，不是说谁不让你改，而是你自己改不动这个文本了。其实写小说也是这个道理，我上次看《巴黎评论》访谈里面有一位作家就说过类似的话。有些事物一定要默默生长，在泥土里面，在黑暗当中，默默地生长，跟土豆、花生一样。

中国确实很多很有意思的现象，可能你在世界其他地方都看不到，就很值得写，而且特别科幻。

陈楸帆：在我看来，科幻狂热主义者特别狭隘

撰文
壹零

side A

"我觉得不用想太多，真的都是命。"陈楸帆聊起自己的科幻长篇小说《荒潮》获得英国电影协会资助将改编成电影的事时，他如此回答。

《荒潮》是他的第一部长篇科幻小说，出版于2013年。这部小说以他家乡附近的贵屿镇为原型，讲述了一个处理电子垃圾为主业的岛屿上，女主人公小米带领"垃圾人"向当地腐败政府开战的故事。《荒潮》的电影剧本已交由英国编剧完成，之后的翻拍工作还在商谈之中。陈楸帆自己对这件事十分坦然，不是特别地着急。

陈楸帆10岁前开始科幻创作，16岁拿到《科幻世界》杂志评选的"少年凡尔纳奖"，31岁获得世界科幻奇幻翻译奖，是比刘慈欣更早出现在国际舞台上的中国科幻作家。除了科幻作家的身份外，他也是当年的汕头市文科状元，中文和影视编导双学位毕业的北大学生，曾供职过百度、谷歌等互联网公司。

他穿着十分低调，黑色套头衫上还有些许白色猫毛，看起来精神不错，但一开口说话便暴露了——轻缓而低沉的语调，声音中略带倦意。

"少年凡尔纳"

回忆起自己第一次接触到的科幻作品,陈楸帆提到了大多数人都读过的凡尔纳。做技术相关工作的父亲总会带几本科学杂志回家,在这些杂志后面的科幻连载小说为陈楸帆打开了科幻世界的大门。

小学一年级的陈楸帆被母亲带着到市图书馆办借阅卡时,因为年纪太小,被图书管理员质疑是否读得懂。母亲说,你随便拿本书让他读。结果陈楸帆抽了一本书读给对方听。就这样,他破例办了借阅卡。由于小学改建,陈楸帆在一到三年级都每天只需要上半天学,剩余的时间他都用来泡图书馆。

在这三年时间里,他翻遍了市图书馆少年阅览室里的所有书。凡尔纳的三部曲则被翻烂到需要母亲拿缝衣针把书重新穿起来的程度。他在电视上看了《星际迷航》《星球大战》这类的科幻片。"就是玩呗",陈楸帆说起那段时间,提到的最多的就是"玩"这个词。科幻对于陈楸帆来说,是从小陪伴长大的玩伴。

读完了这么多的书后,他想到要自己创作科幻故事。八九岁的时候便尝试着在三百字的方格纸上洋洋洒洒地写下他心目中的科幻故事,足足写了五页。当同龄孩子可能对着两百词的作文抓耳挠腮的时候,陈楸帆已沉迷于自己创作的科幻世界中。写完拿给父母看,父母觉得他挺不容易的,鼓励他继续创作。

16岁时,受到母亲的告诫"千万不要吃陌生人给的东西"这句话的启迪,他写了《诱饵》投稿给《科幻世界》,一投即中。《科幻世界》寄来了几百元的稿酬和奖状到学校,老师把奖状拿到班上读,读完后同学都莫名其妙地看着他。这篇作品让陈楸帆获得了当年《科幻世界》评选的"少年凡尔纳"奖,现在回忆起这个奖的分量,他说,

"没有这个奖可能也就没有后来的事了"。

初露头角的科幻作家

这份引领他走上写作道路的刊物《科幻世界》是陈楸帆在初中时无意间在学校外的报刊亭里见到的。当时只看过《奥秘》《飞碟探索》这类科普读物的他第一次接触到科幻刊物,读完觉得很兴奋,是"终于找到一本科幻刊物"的那种感觉。之后便每个月去报刊亭报道,问老板有没有新一期的杂志。老板被他催烦后便持续进货。陈楸帆也把《科幻世界》介绍给他的朋友一起买。在离开家乡去读大学前,这群朋友是为数不多与陈楸帆交流科幻的人。

从图书馆、报刊亭到书店,从父亲为他带来,到他自己要求父亲给他买,再到他逼得报刊亭老板进货《科幻世界》,陈楸帆在小学到初中这段时间内,把他能接触到的科幻读物都看了一遍。他就像是一块海绵,不断地吸收着一切他所能接触到的与科幻相关的内容。他还曾向《科幻世界》编辑部订购了几本图书,那时花了他一百多块钱,但那几本书一直都没有寄到,陈楸帆到现在都还记得这件事。

到了高中,理科成绩还不错的他在历史补课老师的影响下跑去读了文科。在只有十几位男生的文科班里,他只能与之前的朋友一起聊科幻,逛书店。后来,陈楸帆以文科状元的身份进入北京大学读书。

到北京后,陈楸帆的科幻世界再一次被拓宽。他读到了更多科幻作品,遇到了一群志同道合的科幻迷。大家出没在科幻 BBS 论坛里讨论写作和科幻,用半命题形式创作,这种方式在后来的"科幻春晚"上依旧可见。科幻迷们还沿用 F1 车队制,彼此组队,派出代表参加征文比赛,以积分制论高下。

2004年,他的作品《坟》获得了首届"高校科幻作品原创之星"奖,这篇文章后来发表在同年《科幻世界》的第五期刊物上。他遇到了自己的第一个编辑——《科幻世界》的"说书人"师博,师博让陈楸帆意识到科幻写作要面向大众市场。"他给我的影响还是蛮深的。"

2005年,陈楸帆参加了《科幻世界》在四川成都举办的笔会。在那次聚会上,他第一次见到年少时耳熟能详的科幻编辑与作家。"还是觉得挺神奇的。"

从公司人到职业科幻作家

大学毕业后,陈楸帆曾在深圳的一家房地产公司做了五年的市场品牌工作。下班之余,他以深圳的城中村为灵感创作了中篇科幻小说《深瞳》。周围有几位同事虽然知道他在写科幻,但也未表现出太大兴趣。那时他做梦还会回到北大校园。

重返北京的他曾先后供职中国谷歌和百度。在大公司工作了十余年后,陈楸帆看到了VR、AR的风口,在2015年加入一家动作捕捉设备创业公司担任副总裁,主要负责对外业务。在这期间,他开始大量接触投资人。有一些朋友会拿着他的名义去找投资,在这之前他未曾动过自己创业的念想。直到有一次,一位投资人问他,你为什么不自己做呢?

陈楸帆冷静下来,扪心自问:"这件事是不是你还想一直做,可能做到你老、做到你死,你都想去做、有热情去做的事情?"

他发现自己确实是想继续写科幻,继续在科幻产业里。"既然外面的人都说你可以做这个,你自己还不做,你不就太厌了?"

想明白之后,他与这位投资人在电话里决定下了双方的投资比例。

根据天眼查显示，2014年11月上海传茂文化传媒有限公司注册在上海市嘉定区，陈楸帆拥有85%的股份。没有选择北京的原因之一是上海园区给到了优惠扶持，而且他认为，随着北京城市功能分化，文化产业将会向南迁移。

2017年下半年，陈楸帆从创业公司离职，开始成为一名职业科幻作家。这份工作让他比以前忙碌了很多，约稿、采访、商业活动、国内外的会议论坛、影视版权开发，各类合作纷至沓来。除此之外，他找来了胡晓诗、王元、七月、虞鹿阳，与他们签约合作，帮助他们重新回来写科幻。

从2005年大学毕业后到现今，陈楸帆陆续出版了6部长篇科幻小说，参与翻译了2部外国科幻作品，在国内外杂志媒体上发表了76篇短篇作品。这些作品使得他收获了11次华语科幻"星云奖"、3次科幻"银河奖"。经过刘宇昆的翻译，他的短篇小说《丽江的鱼儿们》获得2012年世界奇幻科幻译文奖，这个奖项在那时是首次被颁给中国人。

面对这些成绩，陈楸帆很谦虚地说："我觉得才刚刚开始，你要说我写多好，我觉得也没有，就只不过是一直持续在写，然后持续地在挑战自己。"

在他已出版的图书《人生算法》中的第一篇《这一刻我们是快乐的》，他关注到女性生育与科技，为此他收集了大量的资料，一直都苦于没有找到合适的表达方法，最后他想到了用纪录片脚本的方式，将五位女性的生育故事讲述出来。在这本书的最后一篇，他首次尝试与AI合作，书写了《恐惧机器》中的一部分。

对于工作、生活和写作，他已经习惯了将三者有机融合在一起。聊起他的写作习惯，飞机和高铁都是他的写作空间。"坐长途飞机最好了,十几个小时断网的环境就可以写。"他还举例了马伯庸的例子:"马伯庸就是要找一个嘈杂的咖啡馆,坐在人来人往的位置上,然后还能写得特别顺畅。"

身为作家,他为自己定下了每年阅读五十本书、观影一百部的目标。在他豆瓣个人页面上,时不时能看到他对影片、书籍的评分和评论。相较于小说电影,他现在更喜欢看纪录片和阅读非虚构作品,最近读了一本关于北京收废品人生存状态的田野调查报告。除此之外,他还通过阅读博士硕士论文、直接与相关领域的专家学者聊天来获取信息和灵感。

2019年初《流浪地球》的上映带来了一波中国科幻热潮,一个多月的时间里他已经接受了二十多个相关采访。这波热潮让身处其中的他也变得更为忙碌。"现在逼得我不得不很高效地处理所有事务性的工作。"但他对于这波热潮也显得较为冷静。"关注度肯定是够了,但就看最后什么东西能留下来。"

side
B

三明治　你到北京上大学后，对你写作科幻有什么影响？

陈楸帆　我觉得写作群体是很重要的。如果你没有这个群体里，会觉得一直是在单打独斗，有很多问题也不知道去跟谁聊，尤其是写科幻的可能就更少。我上大学时，当时有一些BBS，比如清韵书院、大江东去、太空疯人院这些，一些科幻写作者在里面互相交流。

三明治　看到你之前曾在采访里表达说，中国社会是一个异化的社会，你的灵感来源是中国当下社会吗？

陈楸帆　中国确实很多很有意思的现象，可能你在世界其他地方都看不到，就很值得写，而且特别科幻。中国对技术其实是非常包容的，甚至是过分包容的态度，什么东西都愿意试一下，先用了再说。我觉得中国就是特别科幻的一个地方，而且大家都会觉得说高科技就是好。

三明治　"异化"相对的是"正常"，"正常"这个概念非常难被界定。想知道你选择"异化"这个母题一直进行创作，是什么原因？

陈楸帆　其实可能我觉得科幻很多是包含异化在里面，但可能不同人的作品里，表现出的深度不一样。我会特别着眼去表现人自身的变化。有一些故事是人到了特别遥远外太空，或者几十万年以后，但人的意识和心理状态跟现在的人没啥区别。对于我来说，它肯定是会有很大的区别。人性其实不是一个不变的东西，它一直在变化，所以我更感兴趣的是这个领域的探讨。

三明治 你觉得自己是一个有天赋的作家吗？

陈楸帆 也没有，我觉得论天赋，可能很多人都有天赋。从我那会开始写的时候，其实有好多人也是差不多时候出道，我觉得他们都挺有天赋的，只不过很多人可能中途就放弃了，或者中断了去做别的事情，就没有坚持下来去写。而且我有刻意地去练习，或者说去突破自己。我每次都会想要不同的表达方式，因为我觉得每一个故事其实有很多种方式，你可以选择比较简单的，也可以选择比较难的。我倾向于选择用比较难的方式去做，因为我觉得老选择最简单的方式其实没有挑战，而且久而久之会变懒。

三明治 你觉得现在创作上遇到最大的困难是什么？

陈楸帆 要突破自己的瓶颈，包括突破科幻的既定模式。有很多人可能想到科幻就会想起某种既定的套路，可能很多科幻迷更是这样，他会觉得大刘特别科幻。我前几天看到一篇推文，它说除了刘慈欣之外，你还能看什么别的科幻吗？然后就列了一些，看了一眼全都是所谓的硬科幻。然后就有人在那下面评论区写，你把郝景芳放在哪里？他说，对于我来说，这些扯淡的都不叫科幻。我觉得这些所谓的科幻狂热主义者就特别狭隘，因为他们可能阅读非常有限，或者就觉得这些东西是科幻，其他的就不是科幻，有特别强的偏见或者成见。我觉得这种特别需要去打破，可能到最后我写的东西能不能算科幻都不一定。我觉得需要去不断地拓宽边界，让很多人觉得科幻原来还可以是这样的，甚至很多人会因为看了我的东西之后开始愿意去接触科幻，我觉得这就足够了。

三明治　你的写作会被碎片化到生活中的各个时间段当中吗？会不会没有一个很完整的时间段来写？

陈楸帆　我写长篇需要相对完整的时间。我觉得每天可能都要有几个小时，因为你需要进入长篇写作的状态就需要时间了。短篇如果一两天或者一周内能写完就无所谓。我想清楚了下笔就非常地快，这是我的习惯。

三明治　你是可以在外界有干扰的情况下继续写作的人？

陈楸帆　对，都是被逼出来的。我觉得职业作家很多时候是训练肌肉记忆，当我到达一定程度后，不是依靠灵感创作，而是给我一个东西，我就能写出来，而且写得是平均水平以上，质量也不会特别差。但是要写得特别好,可能需要灵感或者契机。职业作家要做到随时能写，随时有灵感，这个很重要。

三明治　在你的新书《人生算法》最后一篇里采用了您与 AI 交互的写作方式，想了解您当初是怎么想到用这个方式的？

陈楸帆　大概在 2017 年年中想到。当时找了我的朋友王永刚，跟他说了这个想法，他也是非常兴奋，说这东西我可以帮你做。因为对于他来说不是特别难，有很多代码在 GitHub 里面可能有现成的，只是需要调整算法参数。我觉得让 AI 写小说就是很有意思的实验。以前有微软小冰写诗，但要让 AI 去写带逻辑和情节性的东西还是非常难的，因为它到不了这个程度，所以只能是我去配合它，把它的语言放到我给它编织的情境里，然后让它写出一个至少你读起来能接受，而不是一个突兀的东西。科幻是一个需要不断去探索的过程，我觉得现在很多的科幻作品都太保守。我还是希望有更多不一样的东西，哪怕可能出来的东西不太成熟。

三明治　电影《流浪地球》引发了激烈的讨论后，中国的科幻产业也发生了很大变化。你在这个行业内有怎样的感觉？

陈楸帆　从上映之后到现在接受的国内外采访可能有二十几个，都在不停地讨论这部电影和整个中国的科幻产业，影视界也想拍科幻片。我觉得这个热度肯定带来一波希望和机会。但归根结底还是得看我们是否做好了准备，我觉得可能准备得还是不够充分。我能看到的是一天之内可能成立了四十几个科幻影视项目，但感觉都是非常仓促地蹭热点，没有经过非常细致的论证，或者是没有很充分地开发就去做。所以我觉得到最后可能还是会有很多泡沫，就看最后能有什么好东西留下来。现在科幻写作的群体也是非常小，我听到了很多人要来写科幻，而且有好些人都来找我，要让我看他们写的东西，然后推荐一下。我觉得也是好事，至少很多人愿意来写科幻了，以前可能大家都不愿意。但还是有很长的一条路走，搞不好就会适得其反。科幻是一个需要积累的写作类型。不是随便什么人都可以写科幻,也不是随便什么人都能拍科幻的,真的是这样。

三明治　你觉得科幻写作在你的生活中是一个怎么样的角色?
陈楸帆　现在已经变成工作了,原来就是爱好和娱乐,通过写科幻来获得精神上的愉悦,但现在可能不太一样,因为有很多的项目和 deadline,会需要更加职业地思考科幻写作。写科幻就真的是吃力不讨好。我可能写一个东西得看无数的东西,得不停地想,很多时候真的是想得很痛苦。

三明治　对于现在想写科幻的人,会给他们什么样建议?
陈楸帆　我觉得应该先去把整个科幻史上重要的作品看一遍,看一下大家都写了些什么,都到什么样的程度,然后再去写。自己要有一个清晰的定位。

三明治　你自己是无神论者吗?
陈楸帆　我是个泛神论者,万物有灵的那种。

三明治　如果世界上出现最新的科技,你会是勇于尝试的那个人吗?
陈楸帆　看是什么,我肯定还是会谨慎一点。如果说是一些新的科技产品,还是会尝试。如果让我去冬眠,或者去换脑,肯定是要谨慎一点。

三明治 如果是可以去火星上？

陈楸帆 我也会。但可能就是得看时机，如果它发展得比较成熟，而且可能有过一些成功的案例，可能我会尝试。我一直觉得在有生之年应该去一次太空，不管是你去到哪，可能就在近地轨道上，也是值得的。我觉得应该是有机会的。